Henning Lühr | Jan Janning

Internationales Grünkohl Kochbuch

50 Rezepte aus 27 Ländern

Mit Illustrationen von Karin Hollweg und Henning Lühr

Kellner Verlag
Bremen Boston

Dieses Buch ist bei der Deutschen Nationalbibliothek registriert.
Die bibliografischen Daten können online angesehen werden:
http://dnb.d-nb.de

يلاك	(Arabisch)	Comen	(Äthiopisch)
λαχανίδα	(Griechisch)	Couve de folhas	(Portugisisch)
Grønnkål	(Norwegisch)	Federkohl	(Schweizerisch)
Boerenkool	(Niederländisch)	Grønkål	(Dänisch)
Brassica	(Latein)	Grönkal	(Schwedisch)
Bruunkohl	(Bremisch)	Grünkohl	(Deutsch)
Cai xoan	(Vietnamesisch)	Jarmuz	(Polnisch)
Cavolo	(Italienisch)	Kale, green cabbage	(Englisch, Irisch)
Chou frisé	(Französisch)	Kelkáposzta	(Ungarisch)
Chuan-yeh-ts´ai	(Mandarin)	Lehtikaali	(Finnisch)
Col arrisassada	(Katalanisch)	Listovaya Kapusta	(Russisch)
Cole rizada	(Spanisch)	Yeşil lahana	(Türkisch)

Die Illustrationen stammen von:
- Karin Hollweg,
- Henning Lühr,
- Udo Reinfeld

© 2016 by KellnerVerlag, Bremen | Boston

St.-Pauli-Deich 3 | 28199 Bremen
Tel. 04 21 77 86 6 | Fax 04 21 70 40 58
sachbuch@kellnerverlag.de
www.kellnerverlag.de

Layout und Korrektorat: Manuel Dotzauer
Umschlag: Designbüro Möhlenkamp, Bremen

ISBN 978-3-939928-71-3

4. Auflage 2016

Gliederung

Noch 'n Kochbuch?   4
Ein besonderes Kochbuch!
Henning Lühr

Grünkohl – zwei junge Pflanzen   5
mit Migrationshintergrund machen
Karriere als »urdeutsches« Gemüse!
Henning Lühr

Kochen mit Grünkohl – Tipps für Einkauf,   12
Lagerung und Vor- und Zubereitung

Die Rezepte, jeweils in der Landes-   16
sprache und übersetzt ins Deutsche:
- Suppen   16
- Salate   28
- Eintöpfe   32
- Aufläufe   46
- Pesto/Marmelade   54
- Quiche, Kuchen und Pizza   58
- Crostini und Chips   66
- Grünkohl mit Fleisch und Meeresfrüchten   68
- Fisch und Grünkohl   82
- Grünkohl vegetarisch   90
- Curry und Grünkohl in verschiedenen Variationen   98
- Die Grünkohl-Klassiker aus Norddeutschland   102

Zu einem Grünkohlessen gehören   109
Kartoffeln!

Eine kleine Wurstkunde   113
Henning Lühr | Jan Janning |
Michael Golasowski | Barbara Lison

Amerika entdeckt den Grünkohl   116
Henning Lühr

Grünkohl und Wein –   118
eine nicht alltägliche Verführung
Empfehlungen des Bremer Ratskeller-
meisters Karl-Josef Krötz

Die Kohlfahrt: Vom Honoratiorentreffen   122
zum gesellschaftlichen Wintervergnügen
Helga Bürster

Weitere Literatur zum Grünkohl   126
Erstellt von der Stadtbibliothek Bremen

Das Team hinter dem Buch   128

Landeskundige und regionale   130
Beraterinnen und Berater –
Übersetzungen

Noch 'n Kochbuch?
Noch ein besonderes Kochbuch!

Eindrucksvoll erzählt Hasnain Kazim in seinem Buch »Grünkohl und Curry – Die Geschichte einer Einwanderung« über kulturelle Unterschiede, geglückte Integration, Liebe und Freundschaft indisch-pakistanischer Einwanderer sowie über ihr Leben in dem Dorf Hollern-Twielenfleth in der Nähe von Hamburg. Darin entwirft er das Bild: Grünkohl steht für deutsch, Curry für indisch-pakistanisch. Als Abbildung deutscher Gegenwart hat der Leser mit dieser eindimensionalen Zuordnung gleich das landläufige Muster für die Integration von Migrantinnen und Migranten in Deutschland und die entsprechenden typischen Lebenssituationen.

Diese Zuordnung lässt allerdings die historische Entwicklung außer Acht! Der gegenwärtige Alltag wird zum rückwirkenden Deutungsmuster genutzt. Aber: Grünkohl ist eine der ältesten Kulturpflanzen der Welt, die ihre Ursprünge auf jeden Fall im Mittelmeerraum, in Nordafrika oder in Griechenland, hat. Von einem dieser beiden Länder ausgehend hat der Grünkohl den weiteren Globus erobert.

Daraus ergibt sich folgende neue Interpretation: Es ist bemerkenswert, dass eine »Kohlpflanze mit Migrationshintergrund« inzwischen als urdeutsches Gemüse und urdeutsche Tradition gefeiert wird. Von wegen Oldenburger Palme und Breemsch Brunkohl!

Halten wir fest: Grünkohl ist ein internationales Gemüse! Ein geradezu kulinarischer Globalplayer! Die internationale Grünkohlküche ist durch lange Tradition von landesüblichen Gerichten in ihrem jeweils regionalen Charakter geprägt. In den letzten Jahren hat die internationale Cross-Over-Küche auch den Grünkohl entdeckt: Experimentierfreudig wird dort der Grünkohl mit orientalischen bzw. asiatischen Gewürzen, verschiedenen Ölen, exotischen und südländischen Fleisch- und Fischrezepten sowie mit süßen Speisen variiert. Inzwischen hat der Grünkohl Amerika erobert. Kale ist hip und trendy.

In diesem Kochbuch findet ein bunter Spaziergang durch die Welt der Grünkohlgerichte statt: Suppe, Eintopf, Salat, Pesto, Brotaufstrich, Beilage zu Fisch, Fleisch und Würsten, ebenso vegetarisch – was man aus Grünkohl alles zaubern kann!

Wie entsteht so ein Kochbuch? Praktisch geht das folgendermaßen: Es gibt jeweils einen großen realen und einen virtuellen Zettelkasten mit internationalen Grünkohlrezepten bei Henning Lühr und Jan Janning. Es ging ans Konzipieren, Ausprobieren und Variieren der Rezepte. Beim Weitererzählen der Idee erklärte sich die Bremer Künstlerin Karin Hollweg bereit, bei den Illustrationen mitzuwirken. Barbara Lison und Michael Golasowski kamen als Köche und Autoren dazu. Helga Bürster öffnete ihren Fundus über die Geschichte der Kohlfahrten. Karl-Josef Krötz, der Bremer Ratskellermeister, betrat kulinarisches Neuland: Grünkohl und Wein – eine nicht alltägliche Versuchung!

Besonders viel Spaß bereitete die Kooperation mit den weltweiten landeskundigen Beraterinnen und

Beratern, die auch die Übersetzungen anfertigten. Allen an der Entstehung des Buches beteiligten Autoren, Beratern, Übersetzern und dem Lektor Manuel Dotzauer sei an dieser Stelle herzlich gedankt!

Dieses Kochbuch ist ein Gemeinschaftsprodukt. Erträge werden für das »Kinderatelier- und Jugendatelier« des Vereins »Kultur vor Ort« im Bremer Stadtteil Gröpelingen gespendet, um Kinder und junge Menschen mit Migrationshintergrund über Kulturprojekte in ihrer Entwicklung zu fördern.

Henning Lühr

Grünkohl – zwei Migrantinnen machen Karriere als »urdeutsches« Gemüse!

Bevor es auf die spannende und fantasievolle Spurensuche zur Herkunft des Grünkohls geht, folgen hier zunächst einige Basis-Informationen über das beliebte Gemüse.

Grünkohl, lateinisch Brassica oleracea, gehört zur Familie der Kreuzblütengewächse. Er ist eine besondere Zuchtform des Kohls, die ähnlich einer Palme – je nach Größe der Pflanze – mit langen, nach unter hängenden krausen Kohlblättern wächst. Im zweiten Jahr bilden sich große gelbe Blüten. Nach der Befruchtung entstehen Schoten mit vielen Samenkörnern. Als Gemüse werden allerdings nur die Blätter genutzt.

Regional wird er auch Krauskohl, Winterkohl, Strunkkohl oder Hochkohl genannt. In der Schweiz trägt er den Namen Federkohl. Braunkohl, eine Bremer Spezialität, ist eine besondere Sorte des krausen Kohls mit braun eingefärbten Blättern. In Reinkultur gibt es diese Art des krausen Kohls aber nur noch selten.

Grünkohl wurde und wird nicht nur als Gemüse genutzt. Ihm wird auch schon immer heilende Wirkung bei Mensch und Tier zugesprochen. So glaubte man im alten Griechenland, mit Grünkohl die unangenehmen Folgen von Trinkgelagen bekämpfen zu können. Hippokrates empfahl eine Brühe aus Grünkohlsaft sogar gegen Husten und Heiserkeit. Im Mittelalter und in der frühen Neuzeit wurde Grünkohl auch als Kirchen- und Festtagsschmuck benutzt. Als Zierpflanze im Garten reicht die Verwendung von Einzelpflanzen bis zu ganzen Alleen.

Grünkohl stammt pflanzengeschichtlich aus dem Mittelmeerraum; als Herkunftsgebiet werden sowohl Nordafrika als auch Griechenland genannt. In Griechenland wurde 400 v. Chr. ein krausblättriger Blattkohl beschrieben, der später von den Römern als sabellinischer Kohl bezeichnet wurde. Im deutschen Norden gibt es die ersten Spuren in zeitgenössischen Berichten über Essgewohnheiten und Gerichte des Mittelalters. Typische Anbaugebiete für Grünkohl sind heute Nord-, Mittel- und Westeuropa, Nord- und Südamerika, Ost- und Westafrika und Südostasien.

Eine spannende Frage ist, wie sich der Grünkohl in den vier Erdteilen als Gemüse ausbreiten und etablieren konnte. Wahrscheinlich lässt sich die Frage nur evolutionsgeschichtlich auflösen. Der Ursprung der großen Kohlfamilie kann 7.000 Jahre zurückverfolgt und in ca. 1.000 verschiedene Arten differenziert werden. Grünkohl hat gelbe Blüten und Schoten mit vielen Samenkörnern. Es kann also durch Mutationen, Zufallsverbreitungen und Züchtungen zu den Krauskohlarten gekommen sein, die in den verschiedenen Erdteilen je nach Klimaverhältnissen auch eine unterschiedliche Konsistenz haben. Die Samen des Grünkohls könnten in einer Pflanzenwanderung in die verschiedenen Erdteile gelangt sein. Leider hat der grüne krause Kohl – als Wanderer zwischen den Welten bereits in der Antike und im Mittelalter bekannt – allerdings noch nicht das detaillierte Forschungsinteresse der biogeografischen Wissenschaft geweckt. Die Kulturhistoriker analysierten die Geschichte des Kohls natürlich nur im Zusammenhang mit Lebensbedingungen, Essgewohnheiten und Brauchtum.

Wir betreten also »wissenschaftliches Neuland«, wenn wir jetzt zwei spannenden historischen Spuren folgen, die eher dem Genre des historischen Romans oder des Märchens zugehören:

Die erste Spur

Der Grünkohl kommt ursprünglich aus dem Atlasgebirge in Nordafrika und diente den Berbern als Schmuckpflanze und Viehfutter. 800–900 n. Chr. sollen die Wikinger bei ihren Raubzügen durch die Mittelmeerregion den Grünkohl samt Wurzelwerk von Nordafrika mit in die Heimat verschleppt haben. Not macht erfinderisch: Im Schicksalsjahr 896 n. Chr. vernichteten Käferarten die gesamte Weißkohlernte in Nordeuropa – und damit neben Heringen, Pökelfleisch und Räucherwürsten die Hauptnahrung vieler Menschen in den langen Winterperioden. Ob nun der Große Wotan sich erbarmte und die Erleuchtung sandte, dass man den von den Wikingern mitgebrachten Grünkohl auch essen konnte, oder die Hungernden selbst darauf gekommen sind, ist allerdings nicht überliefert.

Die zweite Spur

Lassen Sie sich in die Welt des Märchens entführen!

Es war einmal eine kleine, zierliche grüne Pflanze, die einen krausen Wuschelkopf trug. Comen war ihr Name.

Lang, lang ist es her: Wir befinden uns in der Nacht vom 1. auf den 2. Oktober vor vielen hundert Jahren. Comen feierte am 2. Oktober ihren 17. Geburtstag und lebte stets unzertrennlich mit ihrer gleichaltrigen Cousine Senayit, die auch einen grünen Krauskopf hatte und in der Küche der Karawanserei das Kochen lernte. Beide lebten mit ihren Familien in einer großen Oase im Norden Afrikas. Die Oase lag einsam mitten in einer großen Wüste.

Mit ihren anderen Cousinen und Cousins lagen die beiden jungen Frauen gegen Mitternacht und bei warmem Wetter vor den Kinderzelten auf kleinen Liegen und schauten in den Sternenhimmel. Comen, deren Fantasie er immer beflügelte, grübelte: »Wer die Sterne wohl außer uns noch sieht?« Ihr immer vorlauter und besserwisserischer Cousin tat sich gleich ganz wichtig: »Wahrscheinlich ganz viele Menschen – auch ganz weit weg von uns, da wo es ganz kalt ist. Nächstes Jahr werde ich eine große Reise mit dem Schiff von Onkel Brassica machen. Dann erzähle ich euch, wo der Sternenhimmel noch überall zu sehen ist.«

Comen hatte auch große Sehnsucht, einmal auf Entdeckungsreise zu gehen, um die weite Welt kennen zu lernen. Ihr Onkel hatte einmal von einer großen Reise auf einem Segelschiff erzählt, aber gleichzeitig abschätzig gesagt, die Seefahrt sei nichts für Mädchen. Mädchen sollten sich, wie es sich gehört, um das Haus, die Küche und die Familie kümmern. Das ärgerte Comen und Senayit seither sehr. Der Onkel war ein steinreicher Mann, der sogar einen eigenen fliegenden Teppich von den arabischen Aladin-Werken gekauft hatte. Mit diesem Teppich flog Herr Omar, der als Pilot für fliegende Teppiche mittels nordafrikanischer Green-Card von den Aladin-Werken angeheuert worden war, häufig in die Hafenstadt, um den Onkel zu Business-Meetings zu bringen oder Waren abzuholen. Herr Omar hatte Comen schon einmal eingeladen, heimlich mit in die Hafenstadt zu fliegen, wenn er neue Gewürze abholen würde.

Eines Morgens um vier Uhr wollte Herr Omar zu einem neuen Flug starten.

Mitten in der Nacht, als die anderen schon fest schliefen, reifte bei Comen und Senayit der Entschluss: »Wir fliegen mit Herrn Omar in die Hafenstadt und, wenn wir unentdeckt auf ein Schiff kommen, werden wir in die weite Welt reisen.«

Mit einem kleinen Proviantbeutel machten sie sich auf den Weg zum Teppich-Flugplatz. Herr Omar war gerade dabei, seinen großen Teppich auszurollen und für den Flug vorzubereiten. »Psst, psst, setzt euch schnell auf die Kissen in der zweiten Reihe – in fünf Minuten starten wir«, flüsterte Herr Omar.

Pünktlich um vier Uhr hob der Teppich ab. Sie schwebten unterhalb der Wolken durch die kühle Nacht. Ab und zu flackerten die hinteren Positionsleuchten. Während des Fluges träumten die beiden Krausköpfe von einer Schiffsreise in die weite Welt.

»Achtung, Achtung! Bereit machen zur Landung!«, tönte plötzlich die tiefe Stimme von Herrn Omar aus dem kleinen Bordlautsprecher. Der fliegende Teppich landete direkt auf der Landebahn neben dem Hafenbecken. Herr Omar erinnerte die beiden jungen Frauen an den Rückflugtermin am Nachmittag und eilte zum Kontor der Gewürzmühle.

Die beiden Krausköpfe machten sich auf den Weg in den Hafen und schlenderten am Kai entlang. Sie bestaunten die großen Segelschiffe, auf denen der neue Tag begann. Auch im Hafen erwachte das Leben.

Ein großes Handelsschiff mit dem Namen »Bremen« hatte es ihnen besonders angetan. Das Schiff lag mit seinen großflächigen Segeln majestätisch in seiner ganzen Pracht im Hafenbecken. Es wurde gerade mit Gewürzen, Edelmetallen und vielerlei Kisten beladen.

Ein Seemann stand an der Reling und rief ihnen zu: »Na Deerns, da givt et wat to kieken op son'n

Grünkohlpflanzen mit Migrationshintergrund

Schipp! We föört hüt Nahmiddag na Saloniki un dann wieder na Lissabon, Amsterdam und Geestemünde!« Dann verschwand der Seemann in der Ladeluke.

Eine Strickleiter hing bis auf den Kai. Das war verlockend! Comen und Senayit gaben sich einen Ruck, kletterten die Sprossen hinauf und landeten auf dem Achterdeck. Sie machten vorsichtig einen kleinen Rundgang auf dem Schiff und sahen sich alles an.

»Wollen wir mitfahren?«, fragte Comen noch etwas beklommen. Aber als Senayit antwortete: »Ja, was die Jungs können, können wir schon lange!«, war der Bann gebrochen. Sie schauten in eine große Kiste an Deck. »Das ist ein gutes Versteck für die Abfahrt und wenn wir auf hoher See sind, melden wir uns einfach als blinde Passagiere. Mädchen werden sie doch wohl nicht einfach ins Meer werfen.«

Plötzlich herrschte Aufregung und Stimmengewirr an Bord. Etwas musste geschehen sein. Die Stimmen wurden lauter und die Luken wurden geschlossen. »Leinen los!«, rief eine tiefe männliche Stimme. Das konnte nur der Kapitän sein.

Comen und Senayit waren ganz benommen und sprangen mit ihren Beuteln fluchtartig in eine große Kiste, die an Bord stand. »Ob das wohl richtig war?

Ich habe Angst!« Senayit war plötzlich gar nicht mehr mutig. »Mädchen haben keine Angst«, sagte Comen. Sie hielten die Luft an, als ein Seemann plötzlich den Deckel anhob und einen Sack in die Kiste warf. Und schon legte das Schiff ab.

Anfangs schaukelte es so sehr, dass Comen und Senayit seekrank wurden. Erst später ließ das sanftere Schaukeln des Schiffes die übermüdeten jungen Frauen schnell einschlafen.

Am nächsten Morgen wachten sie durch laute Stimmen auf. In der Kiste war es absolut finster. Sie frühstückten ihren Proviant, um sich dann gestärkt als blinde Passagiere zu erkennen zu geben.

Als sie aus der Kiste krabbelten, baute sich vor ihnen ein großer Seemann auf und schrie: »Wat is denn hier los! Wo kommt ji her? Wat maakt ji hier?« Bootsmann Jan sah sie grimmig an. »Bitte nichts tun! Wir wollen in die weite Welt! Aber wir haben Angst!«, bibberte Comen. Der Bootsmann fesselte ihre Arme und zog sie mit dem Strick in Richtung Brücke: »Dat mut ik dan'n Kaptein mellen!«

Der Kapitän war ebenfalls stattlich und groß, hieß Schorse Meyerdierks und kam aus der Hafen- und Handelsstadt Bremen. Der Kapitän befragte die beiden Krausköpfe streng, wo sie hinwollten und warum sie sich als blinde Passagiere eingeschlichen hätten. Dann sagte er mit ernster, gesetzter Stimme, dass blinde Passagiere eigentlich über Bord geworfen oder im nächsten Hafen der Polizei ausgeliefert würden. Comen und Senayit bettelten um ihr Leben, auch Mädchen könnten sich an Bord nützlich machen. Meyerdierks wiegte den Kopf hin und her: »Ik hev ok ein lütte Deern to Hus, de ok op See förn will. Ik kann junge Lüüd, de wat erläben wüllt, gaud lieden. Ji dörft mitfeur'n. In Wesermünde mut dat Schipp inne Warft.

Dann möt ji sehn, wo ji avblievt. Up Schip möt ji inne Koek und be de Reddingswachten helpen. Nich lang schnacken, jetzt gaht es los!«

Comen und Senayit bedankten sich mit einer tiefen Verbeugung. Der Bootsmann nahm ihnen die Handfesseln ab. Sie durften sich frei bewegen. Ihre Koje war weiterhin die Kiste, da alle anderen belegt waren.

In der Küche, die alle 39 Seeleute versorgte, begrüßte sie der italienische Schiffskoch Peccorino: »Ciao bella! Willkommen! Wir kochen heute Pasta mit grüner Soße!«

Saloniki war der erste Hafen, den die »Bremen« ansteuerte. Zwei Tage Aufenthalt! Emsiges Treiben im Hafen: Gewürze, Korinthen – Kisten und Säcke wurden herangeschleppt, Olivenfässer angerollt. Comen, die in der Schule im Leistungskurs Mathe war, musste mit dem Bootsmann die Stückgutliste ausfüllen. Die Fracht wurde mit einem kleinen Lastkran durch die Ladeluke ins Unterdeck verfrachtet.

Am Abend machten sich Comen und Senayit auf den Weg in die kleine Hafenstadt. Onkel Brassica hatte erzählt, dass dort Verwandte wohnten. In der Familie gab es immer Streit, wo der Ursprung der Familie liege: in Nordafrika oder in Griechenland.

Tante Sophia und Onkel Dimitri empfingen die beiden in ihrem kleinen Häuschen. Nach dem Abendessen wurde bei Kerzenschein bis in die tiefe Nacht hinein über die Familiengeschichte diskutiert. Ohne Ergebnis! Dann mussten die beiden schnell zurück auf das Schiff.

Auf hoher See vergingen die Tage wie im Flug. Peccorino hätte gern in Palermo Halt gemacht, um seinen Onkel Cavolo zu besuchen. »Dorför hevt wie keen Tied«, entschied jedoch der Kapitän.

Und weiter ging es an der spanischen Küste entlang und durch die Meerenge bei Gibraltar. Die Zeit drängte, denn im Hafen von Lissabon warteten Händler auf die Ware.

Dann kam es ohne Vorwarnung: Der Himmel verdunkelte sich schlagartig. Blitze rissen den Himmel auf. Tageshelle und tiefschwarze Nacht wechselten sich ab. Es brach ein großer Sturm aus. Die Wellen waren haushoch. Das Segelschiff tänzelte wie eine Nussschale auf den Wellen. In der Küche flogen die Teller wie fliegende Untertassen durch den Raum. Die jungen Frauen verkrochen sich in der hintersten Ecke des Proviantraumes hinter den großen Reissäcken. Peccorino, der als erfahrener Schiffskoch schon viele Stürme erlebt hatte, weckte sie erst am nächsten Morgen.

Die nächsten Tage war die See wieder ruhig. Das Schiff kam zügig voran. Schon von weitem sahen sie die Tejo-Mündung. Das Bild wurde immer klarer. Die stolze Stadt und der geschäftige Hafen zeugten von einer großen Seemacht.

Was Wunder: Die Familie Brassica hatte auch in Lissabon Verwandte – Ronaldo Caldo. Der Onkel von Comen und Senayit war Admiral der portugiesischen Kriegsflotte. Er hatte sogar Columbus noch persönlich gekannt. Admiral Caldo zeigte ihnen die weiße Stadt, die sich terrassenförmig aus dem Meer aufbaute.

Nach diesem erlebnisreichen Tag voller neuer Eindrücke war Amsterdam das nächste Ziel der beiden jungen Frauen auf der »Bremen«. Kapitän Meyerdierks hatte die beiden Krausköpfe inzwischen in sein Herz geschlossen und erzählte ihnen von seiner Heimatstadt Bremen, die eine freie Stadt in der Hanse war, und von den Bremer Stadtmusikanten.

In Amsterdam gab es nur einen kurzen Aufenthalt. Dort trafen Comen und Senayit den Nachkommen eines entfernten Verwandten, der vor zwei Generationen nach Europa ausgewandert war. Mijnher

Wim van Boerenkohl war inzwischen Amsterdamer Stadtbürger und ein angesehener Gemüse- und Gewürzkaufmann mit einem internationalen Sortiment. Hier lernten die jungen Frauen viel über die Herkunft einzelner Gemüsesorten.

Der letzte Abschnitt der Reise war nur kurz. Mitte November kamen sie in Geestemünde an. Ein kleiner deutscher Hafen an der Wesermündung mit einer großen Segelschiffswerft. Aber: Was war das? Die Landschaft war ganz weiß! Kapitän Meyerdierks klärte sie auf: »Dat is Schnei! In'n Winter is be us meistens all'ns ganz witt.«

Alle mussten von Bord. Das Schiff wurde entladen. Erst im nächsten Frühjahr sollte es wieder auf große Fahrt gehen, nachdem das Segelschiff auf der Werft überholt worden war. Der Schiffskoch Peccorino überwinterte als Mitarbeiter in einer Fischbratküche in Geestemünde. Alle Seeleute fuhren zu ihren Familien.

Auch für Comen und Senayit war die Reise zu Ende. Sie wollten weiter nach Bremen. Die jungen Frauen wanderten an der Weser entlang. In Brake machten sie Station, um zu rasten.

Senayit blieb im Herzogtum Oldenburg, um dort als Schlossköchin in der Residenzstadt zu arbeiten. Comen kam schließlich müde von der langen Wanderung entlang der Weser an der Schlachte in Bremen an und feierte mit der Familie Meyerdierks, die ein kleines Häuschen im Schnoorviertel besaß, Weihnachten. Sie blieb in der Hansestadt und heiratete den Wirt des Bremer Ratskellers. Sie hatten viele Kinder und Enkelkinder, die sich in ganz Norddeutschland ansiedelten.

Und da sie nicht gestorben sind, leben Comen und Senayit noch heute als Grünkohl in Oldenburg und als Braunkohl in Bremen – die beiden deutschen Krausköpfe mit Migrationshintergrund.

Was ist nun richtig?

Niemand hätte etwas davon, eine Kultur des Essens auf imperialistische Beutezüge zu gründen! Political correct bewertet, mussten die Wikinger damit als Urväter des Grünkohls ausscheiden.

Die Entscheidung musste zu Gunsten der jungen Pflanzen mit Migrationshintergrund ausfallen. Demnach sind illegale Einwanderinnen die Begründer der langjährigen norddeutschen Grünkohltradition.

Kochen mit Grünkohl – Tipps für Einkauf, Lagerung, Vor- und Zubereitung von klassischen und internationalen Grünkohlgerichten

Einkauf

Kaufen Sie ihren Grünkohl auf dem Wochenmarkt und, wenn Sie größere Mengen benötigen, bestellen Sie ihn vor. Grünkohl wird entweder als ganze Pflanze – die berühmte norddeutsche Palme – oder bereits gerupft angeboten. Achten Sie immer darauf, dass der Grünkohl keine gelben Stellen hat, und wenn Sie ganze Palmen kaufen, vergewissern Sie sich, dass die Schnittstellen nicht ausgetrocknet sind. Sollten Sie nicht die Zeit haben, Ihren Grünkohl frisch einzukaufen, können wir Ihnen, ohne jedes schlechte Gewissen, die tiefgefrorene, aber frische Variante empfehlen.

Lagerung

Wenn Sie sich für frischen Grünkohl entschieden haben, lassen Sie ihn nicht unnötig liegen. Seine Vitamine bleiben zwar beim Kochen zu einem außergewöhnlich hohen Anteil erhalten, jedoch verflüchtigen sie sich durch die Lagerung im Gemüsekorb erheblich. Auch gelbe Stellen bilden sich bei zu langer Lagerung zu Hause. Diese Probleme haben Sie bei den tiefgefrorenen Produkten nicht. Jedoch sollten Sie sich nicht dazu hinreißen lassen, den Grünkohl vor der Zubereitung aufzutauen. Dies kann schnell dazu führen, dass der Kohl sauer wird.

Vorbereitung

Haben Sie Grünkohl-Palmen gekauft, müssen Sie die Blätter vom Stiel rupfen und die einzelnen Blätter zerreißen. Durch das Reißen behalten die Blätter ihre natürliche Struktur, daher sollten Sie auf ein Zerschneiden verzichten. Entfernen Sie beim Reißen die festen Blattadern, diese werden auch durch langes Kochen nicht genießbar. Frischen Grünkohl müssen Sie vor dem Kochen sehr gut waschen, da sich besonders viel Erde in den krausen Blättern ansammeln kann. Wir raten Ihnen, wenn Sie nicht so häufig ein Grünkohlessen veranstalten, im Vorfeld Ihren Geschirrschrank genau abzusuchen und geeignetes Geschirr bereitzustellen. Ohne gute Vorbereitung oder Erfahrung kommt es leicht zu hektischen Bewegungen in der Küche, da Sie ja alle Komponenten gleichzeitig und heiß auf den Tisch bringen wollen.

Kochen von deftigem Grünkohl

Für einen guten Esser empfehlen wir, ca. 500 g frischen Kohl einzuplanen. Lassen Sie sich nicht durch die große Menge an Kohl beeindrucken: Wie Spinat fällt der Kohl beim Kochen zusammen. Zum Kochen sollten Sie einen großen Topf mit schwerem Boden verwenden. Der schwere Boden sorgt für eine besonders gute Hitzeverteilung. Auf eine Portion Kohl sollten Sie ihm eine Zwiebel beigeben. Die Zwiebeln in nicht zu kleine Würfel schneiden und im Topf mit Schweineschmalz glasig werden lassen. Geben Sie den Kohl nun langsam hinzu, denn vor allem bei der gefrorenen Variante fällt sonst das Umrühren besonders schwer und der Kohl könnte leicht anbrennen. Geben Sie auch immer etwas Wasser mit zu den einzelnen Portionen, damit der gesamte Kohl in der Kochzeit nicht anbrennen kann. Wir empfehlen Ihnen, auch bereits zum Anfang der Kochzeit ein wenig Salz zum Kohl zu geben, aber bitte nicht zu viel. Denn zum Ende der Kochzeit wird dem Kohl, je nach Geschmack, noch gepökeltes und sehr salziges Räucherfleisch zugegeben. Lassen Sie den Kohl gute zwei Stunden leicht köcheln und legen Sie dem Topf einen Deckel auf, so gart der Kohl schonender. Vergessen Sie nicht, öfters umzurühren – angebrannter Kohl verströmt einen furchtbaren Geruch. Nach zwei Stunden sollte der Kohl noch bissfest sein, oder neudeutsch: al dente, also Konsistenz haben. Jetzt geben Sie nach Geschmack geräucherten Speck, Kasseler und ein bis zwei enthäutete Pinkel zu dem Kohl. Wer möchte, kann auch die übrigen Pinkel mit in den Topf geben. Sie können diese aber auch in einem Extra-Topf erwärmen, um zu vermeiden, dass der Kohl zu fett wird. Die Temperatur müssen Sie nun noch weiter herunterfahren, das Umrühren wird immer schwieriger. Nach einer weiteren halben Stunde sollten Sie, je nachdem, wie viel Flüssigkeit noch im Kohl ist, Hafergrütze in den Topf geben, denn dieser nimmt einen Teil der überschüssigen Flüssigkeit auf. Lassen Sie den Kohl nochmals eine gute halbe Stunde köcheln und rühren Sie nun noch akribischer um – durch die Grütze neigt der Kohl noch eher zum Anbrennen. Erst wenn der Kohl die gewünschte Konsistenz hat, sollten Sie ihn abschmecken. Besonders Pfeffer und Piment verlieren durch zu langes Kochen ihren Geschmack und werden nur noch als unangenehme Schärfe empfunden. In jeden Kohl gehört auch etwas Zucker; auch bei der Bremer Variante müssen sie mit Zucker arbeiten. Der Zucker nimmt dem Kohl seine Bitterkeit.

Servieren von deftigem Grünkohl

Wir empfehlen Ihnen dringend, sich gut auf das Servieren vorzubereiten. Überlegen Sie sich vorher, welche Schüsseln und Platten Sie haben und welche Beilagen aufgetischt werden sollen. Es ist nicht nur der Kohl, der in eine Schüssel gefüllt werden sollte, es kommen noch die Kartoffeln, die Würste, der Speck, das Kasseler und die verschieden Pinkel hinzu. Bei einer guten Vorbereitung ist das Servieren ein Kinderspiel. Besonders gut ist es, wenn Sie das Geschirr vorgewärmt haben, lauwarmer Kohl ist kein Hochgenuss mehr. Servieren Sie nicht gleich alles, was Sie mit viel Mühe zubereitet haben, holen Sie lieber immer wieder heiße Portionen nach. Der Kohl und auch die Würste halten ihre Hitze in den Töpfen über eine lange Zeit; auf dem Tisch neigt hingegen alles dazu, schnell lauwarm zu werden.

Zu einem echten Kohlessen gehört auch schon während des Essens ein klarer, gut gekühlter Schnaps. Wir empfehlen einen einfachen Korn. Außerdem zeigt der Ratskellermeister Karl-Josef Krötz in diesem Buch ganz neue Wege auf: Grünkohl und Wein!

Zubereitung und Servieren von anderen Grünkohlgerichten aus dem Kochbuch

Der bunte Reigen der weltweiten Grünkohlgerichte sollte jeweils entsprechend der in diesem Buch zusammengestellten Rezepte serviert werden. Auch Empfehlungen für Getränke finden Sie in diesem Kochbuch.

50 Grünkohlgerichte aus 27 Ländern

Suppen

Grünkohlcremesuppe

Zutaten

- 300 g Grünkohl
- 3 kleine Zwiebeln
- 2 EL reines Sonnenblumenöl
- 800 ml Wasser
- 3 TL gekörnte Brühe
- 500 g Kartoffeln
- 6 EL Schlagsahne
- 200 ml Milch
- 3 Scheiben Bauernbrot
- 2 EL Sonnenblumenöl

 30 Minuten

Zubereitung

1. Grünkohl putzen, waschen, Blätter von den Stielen entfernen und grob hacken. Zwiebeln schälen und in Würfel schneiden.
2. In einem Topf 2 EL Sonnenblumenöl heiß werden lassen und die Zwiebeln darin glasig dünsten. Den Grünkohl zugeben und kurz mitdünsten.
3. Wasser zugießen und gekörnte Brühe darin auflösen. Zum Kochen bringen und zugedeckt 5–7 Min. bei geringer Wärmezufuhr garen.
4. Kartoffeln waschen, schälen und in Würfel schneiden. Zur Suppe geben und weitere 10–12 Min. kochen, bis das Gemüse weich ist. Die Suppe mit dem Schneidestab pürieren.
5. Sahne und Milch unterrühren.
6. Vom Bauernbrot die Rinde entfernen und in Würfel schneiden.
7. In einer Pfanne 2 EL Sonnenblumenöl heiß werden lassen. Die Brotwürfel darin knusprig rösten.
8. Die Suppe auf Tellern anrichten und mit den Brotwürfeln garniert servieren.

Suppen

Portugiesische Grünkohlsuppe

Zutaten

- 200 g Bohnen, getrocknet, klein, weiß, über Nacht eingeweicht
- 2 Zwiebeln, groß, gewürfelt
- 500 g Grünkohl, gehackt
- 200 g Kartoffeln, geschält und gewürfelt
- 2 Tomaten, gewürfelt
- 1 TL Essig
- 4 Zehen Knoblauch, gepresst
- 200 g Paprikawurst, gewürfelt, Chorizo, ersatzweise Kabanossi
- Salz
- Pfeffer, frisch gemahlen

 ca. 30 Minuten

Zubereitung

1. Die eingeweichten Bohnen in kaltem Wasser abspülen.
2. 2,5 l Wasser oder ungesalzene Gemüsebrühe in einen großen Suppentopf gießen und erhitzen. Bohnen, Zwiebelwürfel, Grünkohl, Kartoffelwürfel, Tomatenwürfel, Essig, Chorizo und Knoblauch zugeben.
3. Bei schwacher Hitze 2 Stunden ziehen lassen. Gelegentlich umrühren, damit die Suppe nicht ansetzt. Falls nötig, mehr Wasser oder Brühe zugeben. Wenn die Suppe gar ist, salzen und pfeffern.
4. Herd abschalten, Topf zudecken und die Suppe vor dem Servieren 10 Minuten ruhen lassen.

Portugal

Sopa portuguesa le couve

Ingredientes

- 200 g de feijões brancos secos e pequenos,
- 2 cebolas grandes
- 500 g le couve
- 200 g de batatas descascadas e cortadas em quadradinhos
- 2 tomates
- 1 colher de chá de vinagre
- 4 dentes de alho amassados
- 200 g de paio cortado em cubos ou rodelas, substituir por chouriço ou por Kabanossi
- Sal
- Pimenta moída na hora
- 2 colheres de sopa de azeite de oliva

Cerca de 30 minutos

Modo de fazer

1. Deixar os feijões de molho em água fria durante a noite. No outro dia, trocar a água e levar para cozinhar até os feijões estarem quase cozidos.
2. Cortar a cebola, a batata, o tomate e o paio em cubos, le couve e amassar o alho. Levar uma panela grande ao fogo com um pouco de óleo, fritar a cebola e o alho, juntar a batata, a couve e o paio. Colocar a colher de vinagre.
3. Juntar 2,5 l de água ou de caldo de carne sem sal.
4. Deixe cozinhar por 2 horas em fogo lento. Mexer de vez em quando, para a sopa não grudar no fundo da panela. Se necessário, colocar mais água ou caldo de carne. Quando a sopa estiver pronta, temperar com sal e pimenta.
5. Desligar o fogo, tampar a panela e deixar descansar por 10 minutos antes de servir.
6. Colocar azeite de oliva antes de servir.

Suppen

Schwedische Grünkohlsuppe

Zutaten:
- 750 g Grünkohl
- 1 Prise Salz
- 1 Prise Pfeffer
- 3 EL Butter (flüssig)
- 4 EL Mehl
- 1,5 l Gemüsebrühe
- 150 ml Sahne
- 600 g Fleischwurstring
- 2,5 l Salzwasser

 25 Minuten

Der besondere Tipp des Grünkohl-Gourmet-Teams: Eine Prise Muskatnuss gibt den besonderen Pfiff.

Zubereitung:
1. Den Kohl waschen, die Kohlblätter abtrennen.
2. Das Salzwasser in einem großen Topf zum Kochen bringen, die Grünkohlblätter hineingeben und 10 Minuten bei mittlerer Hitze ziehen lassen.
3. Die Kohlblätter mit der Schaumkelle aus dem Wasser heben, gut abtropfen lassen und fein schneiden.
4. Die Butter in einem Topf erhitzen und das Mehl darüberstäuben. Kurz anschwitzen, dann die Brühe in die fertige Mehlschwitze geben.
5. Unter ständigem Rühren sämig werden lassen. Den fein geschnittenen Grünkohl hinzufügen. Die Suppe aufkochen und danach etwa 5 Minuten bei mittlerer Hitze ziehen lassen.
6. Die Fleischwurst würfeln, kurz anbraten und in die Suppe geben.
7. Mit Salz, Pfeffer und Sahne abschmecken.

Schweden
 Svensk grönkålssoppa

Ingredienser till grönkålssoppa

- 750 g grönkål
- en nypa salt
- en nypa peppar
- 3 msk smält smör
- 4 msk vetemjöl
- 1,5 l grönsaksbuljong
- 150 ml grädde
- 600 g t.ex. falukorv i små bitar
- 2,5 l saltat vatten

 25 min.

 Grönkåls-gourmet-teamet rekommenderar: Lägga till en nypa riven muskot. Smaklig måltid!

Så här lagar du soppa på grönkål

1. Använder du färsk grönkål så plockar du och sköljer bladen och rensar dem samtidigt. Repa kålbladen från stjälkarna.
2. Värm upp det saltade vattnet i en stor gryta tills det kokar. Lägg i grönkålsbladen och låt dem koka på medelvärme i 10 minuter.
3. Ta upp grönkålsbladen med en hålslev. Låt dem rinna av väl och skär dem i strimlor.
4. Värm upp smör i en gryta och tillsätt vetemjöl. Häll sedan på grönsaksbuljong.
5. Rör ordentligt tills såsen blir krämig. Lägg nu i den finstrimlade grönkålen. Koka upp grönkålssoppan och låt den dra i ytterligare 5 minuter på lägre värme.
6. Skär nu falukorv i små bitar. Stek den några minuter och lägg korven i grönkålsoppan.
7. Smaka av grönkålssoppan med salt, peppar och grädde.

Suppen

Finnische Gemüsesuppe Kesä

- 2 mittelgroße neue Kartoffeln
- 200 g Zuckerschoten
- 6 kleine Karotten
- 200 g frischer Grünkohl
- 1 kleiner Blumenkohl
- 200 g grüne Bohnen
- 50 ml süße Sahne
- 1 Eigelb, 2 EL Mehl
- 20 g Butter
- Milch
- 200 g Garnelen (bereits aufgetaut oder frisch)
- Salz
- weißer Pfeffer
- Dill oder Petersilie

40 Minuten

Zubereitung

1. Das Gemüse putzen und waschen, in gleichgroße Würfel schneiden. Zuerst die Karotten 5 Minuten kochen, dann das weitere Gemüse dazugeben und weitere 5 Minuten kochen lassen.
2. In einem anderen Topf aus Butter und Mehl eine Mehlschwitze vorbereiten und unter ständigem Rühren die durch ein Sieb gegossene Gemüsebrühe und ca. 2 EL Milch hinzufügen. Alles gut umrühren.
3. Eigelb und süße Sahne in einer Schüssel verquirlen und löffelweise etwa 100 ml der heißen Gemüsebrühe einrühren.
4. Dann alles zurück in den Topf geben und noch einmal gründlich umrühren. Danach das Gemüse in die Suppe dazugeben und erneut erhitzen.
5. Kurz vor dem Kochen die Garnelen hinzufügen.
6. Nach 3–4 Minuten können Sie die Suppe abschmecken und mit den gehackten Kräutern servieren.

Finnland

 # Kesäkeitto

Tarvikkeet

- 2 keskikokoista uutta perunaa
- 200 g (sokeri)herneitä
- 6 pientä porkkanaa
- 200 g tuoretta lehtikaalia
- 1 pieni kukkakaali
- 200 g vihreitä papuja
- 50 ml kermaa
- 1 munankeluainen, 2 rkl jauhoja
- 20 g voita
- maitoa
- 200 g katkarapuja (sulatetuja tai tuoreita)
- suolaa
- valkopippuria
- tilliä tai persiljaa

Valmistus

1. Puhdista vihannekset, paloittele ne samankokoisiksi kuutioiksi. Keitä ensin porkkanoita 5 min., lisää muut vihannekset ja keitä vielä 5 min.
2. Valmista toisessa kattilassa vosita ja jauhoista valkoinen suurus, lisää siihen kokoajan hämmentäen vihannesten keitinvettä sekä n. 2 rkl maitoa. Sekoita hyvin.
3. Sekoita munankeltuainen ja kerma kulhossa, lisää siihen lusikoittain n. 100 ml kuumaa keitinvettä.
4. Kaada seos kattilaan, sekoita kaikki perusteellisesti. Lisää vihannekset ja kuumenna.
5. Lisää katkaravut hieman ennen kiehumista.
6. Kiehauta keittoa 3–4 min, mausta ja tarjoile silputun tillin tai persiljan kanssa.

Suppen

Türkische Kohlsuppe

Zutaten

- ½ Tasse getrocknete Bohnen
- 3 TL Salz
- 2 Tassen Mais
- 3 TL schwarzer Pfeffer
- 5 Tassen Wasser
- ¾ TL Roter Pfeffer
- 2 Zwiebeln
- 5 EL Hackfleisch
- 2 EL Butter oder Margarine
- 2 TL Tomatenpaste
- 10 Blätter Grünkohl

Zubereitung

1. Bohnen und Mais über Nacht mit 2 Tassen Wasser einweichen.
2. Eingeweichte Bohnen/Mais-Paste in einem Topf für 45–50 Minuten kochen.
3. Gehackte Zwiebeln mit Hackfleisch in Margarine für 10 Minuten in einem großen Topf anschwitzen, die Tomatenpaste unterrühren und aufkochen.
4. Kohl, Bohnen und Mais dazugeben und ca. 20 Minuten kochen.
5. Vor dem Servieren Gewürze dazugeben.

 70 Minuten

Türkei

Karalahana çorbas

Malzemeler

- Yarım fincan kuru fasulye
- 3 çay kaşığı tuz
- 2 fincan mısır tanesi
- 3 çay kaşığı karabiber
- 5 fincan su
- 3/4 çay kaşığı kırmızı renkli karabiber
- 2 sogan
- 5 yemek kaşığı kıyma
- 2 yemek kaşığı tereyağı veya margarin
- 2 çay kaşığı salca
- 10 yaprak karalahana

Hazırlanışı

1. Fasulye ve mısırı geceden 2 fincan suya koyup sabaha kadar bekletin.
2. Ertesi gün fasulye ve mısırı asağı yukarı 45–50 dakika suda pişirin.
3. Büyük bir tencerede doğranmıs soğanları ve kıymayı margarinle 10 dakika kavurun. Sonra salça ilave edip kavurmaya devam edin.
4. Lahanayi, fasulyeyi ve mısırı da içine ilave edip 20 dakika pişirin.
5. Servis etmeden önce baharatları ekleyin.

 70 min.

Grünkohl-Wasabi-Suppe (Deutsch-japanische Fusionsküche)

Zutaten
- 400 g Grünkohlblätter
- 1 Gemüsezwiebel
- 250 g Kartoffeln
- 100 ml Weißwein
- 300 ml Gemüsebrühe
- 300 ml Sahne
- Wasabipulver, Salz, Pfeffer, Zucker, Olivenöl

 30 Minuten

Zubereitung:
1. Die Kartoffeln und die Zwiebel schälen und in grobe Würfel schneiden. In einem Topf mit Olivenöl anschwitzen, dann mit Weißwein ablöschen und, wenn der Wein reduziert ist, mit der Gemüsebrühe auffüllen.
2. Wenn das Gemüse weich ist, die Sahne hinzugeben und mit Salz, Zucker und Pfeffer abschmecken. Die kleingeschnittenen Grünkohlblätter hinzugeben und einmal aufkochen.
3. Danach alles pürieren und durch ein Sieb passieren.
4. Dann je nach Belieben mit dem Wasabipulver abschmecken.

Japan

 緑のキャベツとワサビのスープ

材料
緑のキャベツ　　　400 g
玉ねぎ　　1 個
ジャガイモ　　　250 g
白ワイン　　　100 ml
コンソメスープ　　　300 ml
生クリーム　　　300 ml
ワサビ、塩、コショウ、砂糖、オリーブオイル

作り方
1．ジャガイモと玉ねぎの皮をむき、一口大に切る。鍋に入れてオリーブオイルでいためる。白ワインをふりかけ、白ワインが煮詰まったらコンソメスープを加える。
2．野菜が柔らかくなったら、生クリームを入れ、塩、砂糖、コショウで味を調える。小さくきざんだ緑のキャベツを加え、一度沸騰させる。
3．2をピューレにし、こし器でこす。
4．好みの量のワサビを入れ、味を調える。

Suppen

Russische Grünkohlsuppe mit Zanderklößchen

Zutaten
- 1000 g Grünkohl
- 1 große Zwiebel
- 50 g Butter
- 1½ l Gemüsebrühe
- 3 EL Creme fraiche
- Salz
- Pfeffer aus der Mühle
- Muskat, gemahlen
- 50 g Fischfilet (Zander)
- 40 g süße Sahne

Zubereitung
1. Den Grünkohl in Blätter zerteilen, von den dicken Stielen abstreifen, verlesen, sehr gut waschen und in kochendem Salzwasser 3–4 Minuten blanchieren.
2. Danach durch ein Sieb abschütten und mit kaltem Wasser abschrecken.
3. Die Zwiebel häuten, kleinhacken und in einem Topf mit zerlassener Butter andünsten.
4. Den Grünkohl nochmals ausdrücken und in den Topf geben, durchrühren, mit der Brühe angießen und einmal aufkochen lassen.
5. Den Grünkohl bei geschlossenem Deckel ca. 30–40 Minuten garen, ab und zu umrühren
6. Nach der Garzeit Crème fraîche unterrühren, die Suppe mit dem Pürierstab pürieren, mit Salz, Pfeffer und Muskat würzen und beiseite stellen.
7. Fischfilets waschen, trocknen und grob zerkleinern, mit Salz und Pfeffer würzen und mit einem Mixer pürieren.
8. Beim Pürieren nach und nach die Sahne zugeben und anschließend durch ein Sieb streichen.
9. Salzwasser zum Kochen bringen und die Hitze dann reduzieren.
10. Fischklößchen formen und in dem Wasser 4–5 Minuten ziehen lassen.
11. Die Grünkohlsuppe erwärmen, auf Teller verteilen, Fischklößchen drauflegen und sofort servieren.

Russland

Русский суп из зеленой листовой капусты с клецками из судака

Ингредиенты

- 1000 гр. зеленой листовой капусты (кале, грюнколь)
- 1 большая луковица
- 50 г сливочного масла
- 1½ литра овощного бульона
- 3 столовые ложки жирной сметаны
- Соль
- Свежемолотый перец
- Мускатный орех (молотый)
- 50 гр. рыбного филе (судак)
- 40 гр. сливок

Приготовление

1. Капусту разобрать на листья, перебрать, удалить жесткую часть, тщательно промыть и бланшировать в подсоленной воде в течение 3–4 минут.
2. Слить через сито и обдать холодной водой.
3. Лук очистить, мелко порубить, затем сложить в кастрюлю с растопленным сливочным маслом и притушить.
4. Капусту еще раз отжать и добавить в кастрюлю, перемешать, добавить бульон и довести до кипения.
5. Готовить капусту при закрытой крышке в течение 30–40 мин., периодически помешивая.
6. После того как капуста готова. добавить жирную сметану, добавить соль, перец и мускат, перемешать. Суп взбить погружным блендером до консистенции пюре. Отставить в сторону.
7. Рыбное филе промыть, высушить и порубить, приправить солью и перцем, взбить блендером до консистенции пюре.
8. В процессе взбивания постепенно добавлять сливки и затем протереть через сито.
9. Вскипятить подсоленную воду и уменьшить температуру.
10. Сформовать рыбные клёцки, опустить в воду и варить 4-5 мин.
11. Подогреть суп из зеленой листовой капусты, разлить по тарелкам, сверху положить рыбные клецки и сразу же подавать к столу.

Salate

Salate

Lauwarmer Grünkohlsalat mit gebratener Kochwurst & Senfkörnerdressing

Zutaten

- 400 g Grünkohlblätter
- Kochwürste
- 1 Gemüsezwiebel
- 1 rote Zwiebel
- Grober Senf
- Senf
- Zucker
- Salz
- Pfeffer
- Brühe
- Essig

Zubereitung

1. Die Kochwurst in heißem Wasser für 15 Minuten köcheln lassen.
2. Die Gemüsezwiebel in feine Würfel schneiden und in etwas Öl anschwitzen. Wenn die Zwiebelwürfel glasig sind mit ein wenig Zucker karamellisieren und mit Essig ablöschen. Diesen dann so weit einkochen, bis nur noch die Zwiebeln übrig sind. Danach die beiden Senfsorten dazugeben und mit Brühe, Salz und Pfeffer abschmecken.
3. Den Grünkohl waschen, in Salzwasser blanchieren, und in kaltem Wasser abschrecken.
4. In einer Pfanne die in Streifen geschnittene rote Zwiebel anschwitzen, mit dem Senfdressing ablöschen und die Grünkohlblätter hinzugeben, nochmals abschmecken und in die Mitte eines Tellers anrichten.
5. Die Kochwurst schräg in Scheiben schneiden, in einer Pfanne kurz anbraten und dann um den Grünkohlsalat legen. Mit einem Löffel ein wenig Dressing um den Salat anrichten.

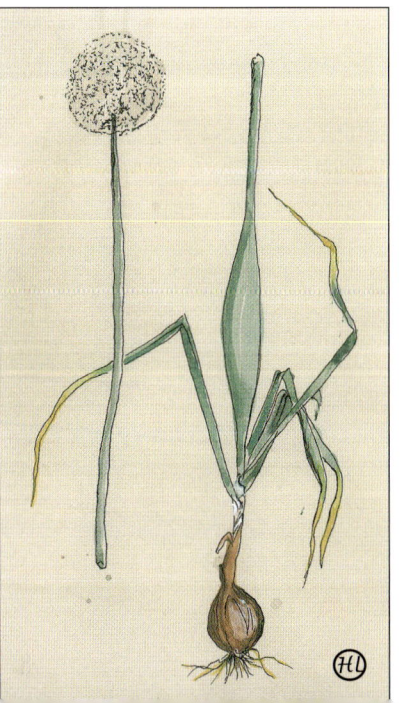

Salate

Dänischer Grünkohlsalat mit Nüssen und Äpfeln

Zutaten

Salat
- 300 g Grünkohl
- 200 g Kochäpfel (Belle Boskop)
- 100 g Haselnüsse
- 40 g Rosinen

Dressing:
- 1 EL Apfelessig
- 1 Tasse frisch gepresster Orangensaft
- ½ EL flüssiger Honig
- 1½ Tassen Schlagsahne

 30 Minuten

Zubereitung

1. Die Nüsse in einer trockenen Pfanne kurz anwärmen, um den Geschmack zu verbessern.
2. Grünkohlblätter vom Stock abschneiden, gründlich spülen, abtropfen und in einer Küchenmaschine zusammen mit den Haselnüssen mixen.
3. Die Äpfel in sehr kleine Würfel schneiden und in den Salat einmischen.
4. Dressing umrühren (ohne Schlagsahne) und in den Salat einmischen.
5. Die Sahne schlagen und ebenfalls in den Salat einmischen.
6. Und das Ganze schmeckt wunderbar!

Dänemark

 Grønkålsalader

Ingredienser

- 300 g Grønkål/palmekål
- 200 g madæbler
- 100 g hasselnødder
- 40 g rosiner

Dressing:
- 1 spsk Æbleeddike
- 1 dl friskpresset appelsinsaft
- 1/2 spsk flydende honing
- 1 1/2 dl Piskefløde/sojafløde

Sådan gør du:

1. Rist nødderne på en tør pande for at fremhæve smagen.
2. Grønkålsbladene skæres fra stokken, skylles grundigt, afdryppes og blendes i en foodprocessor sammen med hasselnødderne.
3. Æblerne skæres i bittesmå terninger og blandes i salaten.
4. Dressingen røres sammen (Minus fløden) og blandes i grønkålen.
5. Fløden piskes og vendes i til sidst i salaten.

 30 Min.

Salat aus Grünkohl und roter Johannisbeere

Zutaten

- 750 g Grünkohl
- 350 g Rote Johannisbeeren (gefroren) oder
- 4 Esslöffel Johannisbeerengelee
- 6 Knoblauchzehen
- 4 EL Salatöl
- Salz, Pfeffer und Zucker zum Abschmecken
- 3 hartgekochte Eier

 40 Minuten

Zubereitung

1. Rote Johannisbeeren (200 g) mixen und durch ein Sieb passieren. Verrühren mit Öl, ausgedrücktem Knoblauch, Salz, Pfeffer und Zucker.
2. Grünkohl, befreit von harten Stängeln, kurz im gekochten Wasser blanchieren und sieben. Mit kaltem Wasser abschrecken, auf Krepppapier trocknen und in dünne Streifen schneiden.
3. Die Fruchtsoße, mit restlichen Johannisbeeren verrührt, über den Grünkohl verteilen und mit den gehackten Eiern bestreuen.

Polen

Sałatka z jarmużu z porzeczkami

składniki

- 750 g liści jarmużu
- 350 g czerwonych porzeczek (mrożonych) lub
- 4 łyżki galaretki porzeczkowej
- 6 ząbków czosnku
- 4 łyżki oleju sałatkowego
- Sól, pieprz, Cukier do smaku
- 3 jajka ugotowane na twardo

przygotowanie

1. Porzeczki (200 g) miksujemy, przecieramy przez sito, mieszamy z olejem roztartym z solą, czosnkiem, pieprzem i cukrem, lekko schładzamy.
2. Pozbawione twardych ogonków liście jarmużu wrzucamy na 2 minuty na lekko osolony wrzątek, odcedzamy, przelewamy zimną wodą, osuszamy, kroimy w cienkie paski.
3. Polewamy sosem, łączymy z pozostałymi porzeczkami, mieszamy, posypujemy posiekanymi jajkami.

Eintöpfe

Eintöpfe

Gekochtes Grünkohlgemüse – die moderne Version

Zutaten

- 1 kg frischer Grünkohl, gewaschen
- 3 dl Rahm/Sahne 38 %
- 1 Zitrone (Saft)
- 50 g grober Senf

 30 Minuten

Vorbereitung

1. Entfernen Sie die groben mittleren Stiele des Grünkohls und spülen Sie den Rest in kaltem Wasser. Legen Sie den Kohl in eine Kasserole mit kaltem Wasser und bringen Sie ihn zum Kochen.
2. Lassen Sie ihn ca. 3 Minuten ohne Deckel weiter kochen und rühren dabei hin und wieder um. Dann den Kohl abkühlen lassen, das Wasser ausdrücken und den Kohl grob hacken.
3. Die Sahne zum Kochen bringen und bis zu einer leichten, cremigen Konsistenz einkochen; mit Salz, Zitronensaft und Senf würzen. Den Kohl mit der Sahne vermengen und alles heiß servieren.

Dänemark

 ## Stuvet grønkål – moderne

Ingredienser

- 1 kg grønkål – urenset vægt
- 3 dl piskefløde Havsalt
- 1 citron – saften heraf
- 50 g grov sennep

 30 minutter

Sådan gør du

Fjern de groveste midter-ribber på grønkålen, og rens resten for jord i koldt vand. Sæt grønkålen over i koldt vand, og lad den få ca. 3 minutter i kogende vand – uden låg! Og husk at vende den løbende. Tag den op af vandet, lad den køle af, vrid den fri for vand, og skær den i grove stykker. Kog piskefløden ind til en let cremet konsistens, smag til med salt, citronsaft og grov sennep. Vend kålen i denne fløde-creme, og varm det hele hurtigt op, før servering.

Eintöpfe

Stamppott – niederländisch deftig

Zutaten:
- 1 kg Grünkohl
- 0,3 l Wasser
- 1 kg mehlig kochende Kartoffeln
- 70 g Schmalz
- 750 g Rauchwurst
- 3 Zwiebeln
- 200 g Frühstücksspeck
- 1 Brühwürfel
- 3 EL Weißweinessig
- frisch gemahlener, schwarzer oder weißer Pfeffer
- Salz aus der Mühle

 60 Minuten

Der besondere Tipp des Grünkohl-Gourmet-Teams: Dazu kann Bratenjus serviert werden.

Zubereitung:

1. Kartoffeln schälen, vierteln und bis zur Verwendung wässern. Grünkohl waschen, rupfen und kleinschneiden. Speck in Würfel, Zwiebeln in Ringe schneiden. Kartoffeln in einen großen Topf geben, mit Wasser auffüllen. Einen Brühwürfel hinzugeben. Den Grünkohl auf die Kartoffeln geben, die Rauchwurst darauflegen. Bei geschlossenem Topf aufkochen. Danach 20–25 Minuten bei kleiner Flamme ziehen lassen.

2. Speckwürfel in eine kleine Pfanne geben und den Speck glasig schmoren. Wenn der Speck ausgelassen ist, die Zwiebeln hinzugeben. 15 Minuten auf kleiner Flamme ziehen lassen. Wer den Speck etwas brauner haben möchte, entfernt am Ende den Deckel und erhöht die Wärmezufuhr.

3. Wenn die Kartoffeln gar sind, die Rauchwurst entfernen. Kartoffeln und Grünkohl in eine Schüssel abgießen. Mit einem Gemüsestampfer Kartoffeln und Grünkohl grob stampfen. Das Ganze sollte nicht zu fein werden, ein Stamppot ist kein Kartoffelbrei! Kochflüssigkeit dazugeben, damit eine geschmeidige Masse entsteht.

4. Zwiebeln und Speckwürfel unterrühren. Pfeffer, Schmalz und den Essig hinzugeben. Ob noch Salz dazugegeben werden sollte, hängt vom Geschmack des Kochs ab. Mit einem Salzstreuer auf dem Tisch kann jeder seine Portion individuell nachwürzen.

5. Der Stamppot wird noch dampfend im Topf serviert. Die Rauchwurst wird am Stück oder in Scheiben geschnitten drapiert.

Niederlande

Stevige Nederlandse boerenkoolstamppot

Ingrediënten

- 1 kg boerenkool
- 0,3 l water
- 1 kg kruimige aardappels
- 70 g reuzel of vet
- 750 g rookworst
- 3 uien
- 200 g ontbijtspek
- 1 bouillonblokje
- 3 eetlepels wittewijn-azijn
- vers gemalen zwarte of witte peper
- zout uit het molentje.

 60 minuten

De speciale tip van het boerenkool gourmet team: Er kan braadjus bij geserveerd worden.

Bereiding

1. De aardappels schillen, in vieren delen en tot aan het gebruik in water leggen. Boerenkoolstronken wassen, plukken en klein snijden. Het spek in dobbelsteentjes en de uien in ringen snijden. De aardappels in een grote pan doen, met water opvullen. Een bouillonblokje erbij doen. De boerenkool op de aardappels leggen en daarbovenop de rookworst. Met gesloten deksel aan de kook brengen. En dan 20-25 minuten op klein vuur zachtjes laten doorkoken.
2. De spekdobbelsteentjes in een kleine pan doen en het spek glazig smoren. Als het spek uitgebakken is de uien erbij doen. En nog 15 minuten op klein vuur laten trekken. Als je het spek wat bruiner wil hebben, kun je aan het einde de deksel eraf halen en het vuur hoger draaien.
3. Als de aardappels helemaal gaar zijn die rookworst eraf halen. De aardappels met de boerenkool in een schotel afgieten Met een stamper de aardappelen boerenkool grof fijnstampon. Het moet niet te fijn zijn, het is geen puree! Kookvocht erbij doen, zodat een soepele massa ontstaat.
4. Uien en spekdobbelsteentjes erdoor roeren. Peper, reuzel en de azijn erbij doen. Of er nog zout aan toegevoegd wordt hangt van de smaak van de kok af. Met een zoutstrooier op tafel kan ieder zijn eigen portie op smaak brengen.
5. De stamppot wordt nog dampend in de pan geserveerd. De rookworst wordt in stukken of plakjes gesneden daarboven op gegarneerd.

Eintöpfe

Deftiger Grünkohltopf ungarischer Art

Zutaten:
- 1,5 kg Grünkohl
- Salz
- Pfeffer aus der Mühle
- 600 g Kartoffeln
- 400 g Möhren
- 3 Zwiebeln
- 3 EL Öl
- 1,5 l Gemüsebrühe
- 6 Kochwürste

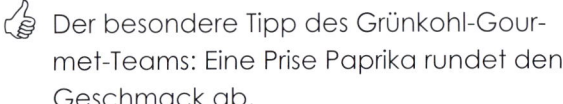 60 Minuten

Der besondere Tipp des Grünkohl-Gourmet-Teams: Eine Prise Paprika rundet den Geschmack ab.

Zubereitung:

1. Grünkohl: Putzen, waschen und in kochendem Salzwasser ca. 3 Minuten blanchieren. Kohl herausnehmen, abtropfen und etwas abkühlen lassen. In kleine Stücke schneiden.
2. Kartoffeln und Möhren schälen. Zwiebeln in kleine Würfel schneiden.
3. Öl in einem Topf erhitzen. Zwiebeln darin andünsten, Grünkohl dazugeben. Ca. 5 Minuten garen, Brühe hinzufügen, aufkochen und zugedeckt ca. 20 Minuten garen.
4. Kartoffeln und Möhren würfeln, zufügen und unterrühren.
5. Kochwürste drauflegen und weitere 15 Minuten zugedeckt garen.
6. Grünkohl mit Salz und Pfeffer würzen. Eintopf in einer Terrine mit einem Schälchen Senf servieren.

Ungarn

Bőséges marhakáposztatál magyarosan

Hozzávalók

- 1,5 kg marhakáposzta
- só
- törött bors
- 600 g (60 dkg) krumpli
- 400 g (40 dkg) sárgarépa
- 3 vöröshagyma
- 3 evőkanál olaj
- 1,5 l zöldséglé
- 6 főzőkolbász (debreceni) vagy virsli

Főzési idő: 60 perc

A marhakáposzta-gourmet-csoport különleges tanácsa: Egy csipetnyi pirospaprika teljessé teszi, kikerekíti az étel ízét.

Elkészítés:

1. A marhakáposztát megpucoljuk, megmossuk és forrásban lévő sósvízben kb. 3 percig főzzük. A marhakáposztát kivesszük a vízből, lecsöpögtetjük és lehűtjük, majd apró darabokra vágjuk.
2. A krumplit és a sárgarépát megpucoljuk. A hagymát apróra vágjuk.
3. Az olajat egy lábasban felforrósítjuk és a hagymát megdínszteljük, majd hozzáadjuk a káposztát. Körülbelül 5 percig dínszteljük, hozzáadjuk a zöldséglevet, felforraljuk és fedő alatt kb. 20 percig kis lángon főzzük.
4. A krumplit és a répát hozzákeverjük.
5. A főzőkolbász rárakjuk és csukott fedő alatt további 15 percig kis lángon főzzük.
6. A marhakáposztát sóval és borssal szervírozzuk. A főzeléket egy nagy tálban szervi rozzuk és egy kis tálban mustárt kínálunk hozzá.

Eintöpfe

Libyen

 # Grünkohl vorderer Orient

Zutaten
- 100 g Rote Linsen
- 750 g Grünkohl
- 200 g Zwiebeln
- 3 Knoblauchzehen
- 1 1/2 Paprika, rot
- 1 1/2 Paprika, gelb
- 2 EL Curry, evtl. mit mehr abschmecken
- 1/2 TL Kardamom, grün
- 100 ml Gemüsebrühe – bei Bedarf mehr
- 300 g Fetakäse
- 60 g geröstete Pinienkerne
- 1/2 TL Salz
- Pfeffer
- Vollkornreis

Zubereitung

1. Linsen in kaltem Wasser 30 Minuten einweichen. Grünkohlblätter von den Strünken schneiden. Gründlich waschen. In einem großem Topf mit kochendem Salzwasser 2 Minuten blanchieren, abgießen, mit kaltem Wasser abspülen, abtropfen lassen.
2. Zwiebeln und Knoblauch fein würfeln. Paprikaschoten würfeln. Zwiebeln und Knoblauch in mäßig heißem Olivenöl andünsten, Curry und Kardamom zugeben, kurz mitdünsten. Paprika zugeben und 2 Minuten garen.
3. Grünkohl und abgetropfte Linsen zufügen, Brühe angießen, weiter 3–5 Minuten garen. Würzen. Zum Schluss den Schafskäse würfeln und untergeben und die gerösteten Pinienkerne darüberstreuen.
4. Dazu schmeckt körniger Basmativollkornreis oder Naturreis.

ملفوف أخضر مع لحمة الأردن

المكونات
- ٥٠ غرام يبس أحمر
- ٥٠٠ غرام ملفوف أخضر
- ٢ حبات بصل
- ٥ فصوص ثوم (رسوم)
- ١٥٠ غرام لحمة حمراء
- ملعقات طعام صغيرة
- ٢ ملعقة شاي كركم يمكن زيادة
- ٢٠٠ غرام معجنات حب الآل أحمر
- ٢٥٠ غرام حمث يمكن زيادة
- ملح بهار صنوبر قلي
- ملعقة شاي ؟
- زيت خضار (طبيعي)

الطبخ
١- يطبخ الكبس ولما... لا... ذات... زيادة الدهون يفث
ذبيل حبيبا ويوضع الملفوف اقطعه من منصفوا لوزه
بعد ذلك يغسل جيدا ذرة ذمبقات في الماء المنلي والملح
٢- ينزع البصل والتوم بارد ذ ذيجفف
ويوضع البصل والثوم — تعرف النعلعة منذ رة
المسلك وكذلك تحت البهار في زيت الملي ذ الجزار
لمدة دقيقة حتى يصبح الباركك وصحب الآل يحرك
ذلك لمدة دقيقات حتى يصبح اللون ذهبيا يصبح القليل من
ذ ذيقات حتى ينج
٣- يقاف الى الخليط الملفوف الذي يكون نصنصف وكذلك
الديس ذيقاف الى ذلك بقرة الحما وتمثل ذالك
لمدة ٥-٢٠ دقائق حتى ينج رش عن ذلك
الخيرات وفي النلوة تقطع الحمة مع تكل تكبيبات
ذ توضع في الخلط — ثم رش الصنوبر الحلي عن ذلك
٤- يأكل الجانب ذلك سر باسماتي خير عشور
او ارز طبيعي

و صفة خاصة من دواتي الملفوف الأخضر.

Der Äthiopische Klassiker: Grünkohleintopf

Zutaten:
- 1 kg Grünkohl
- 3 große Kartoffeln
- 2 Stangen Porree
- 2 Peperoni
- 3/4 Tasse Olivenöl
- 2 kleine Zwiebeln
- 5 Knoblauchzehen
- 1/2 TL Ingwer, gemahlen
- Salz

40 Minuten

Der besondere Tipp des Grünkohl-Gourmet-Teams: Mit den restlichen Peperoni-Streifen garnieren.

Zubereitung:
1. Grünkohl: Kohlblätter abstreifen und in wenig Salzwasser aufkochen.
2. Die Kartoffeln schälen und in kleine Würfel schneiden.
3. Den weißen Teil der Porree-Stangen waschen und in kleine Würfel schneiden.
4. Peperoni halbieren, entkernen und in längliche Streifen schneiden. 1/3 der Streifen zum Garnieren aufbewahren.
5. In einem Topf das Öl erhitzen, die Zwiebeln darin bräunen. Porree hineingeben und kurz anbraten.
6. Ein Tasse Wasser und anschließend den Grünkohl hinzugeben. Bei mittlerer Hitze 20 Minuten kochen.
7. Kartoffeln mit zerdrücktem Knoblauch, Ingwer sowie einer Prise Salz einrühren und garen.
8. Mit Peperoni abschmecken und einmal kurz aufkochen.

Äthiopien
 ቅቅል የሀበሻ ገመን

ግብአቶች
- 1000 ግራም የሀበሻ ገመን
- 3 ትልልቅ ድንች
- 2 እግር ባሮ
- 2 ቃሪያ
- ሃስት አራተኛ ስኒ የወይራ ዘይት
- 2 ትንንሽ የተከተፈ ቀይ ሽንኩርት
- 5 ፍንካች ነጭ ሽንኩርት
- ግማሽ የሻይ ማንኪያ የተፈጨ ዝንጅብል
- ጨው

🕐 40 ደቂቃ

አሠራር.

1. የአበሻ ገመን: የገመኑን ቅቅል በረጅሙና በቁመቱ መቁረጥና ውሃ ውስጥ ትንሽ ጨው ጨምሮ መቀቀል።
2. ድንቹን መላጥና በትንንሹ መቁረጥ።
3. የባሮውን ነጭ አካል ማጠብና በትንንሹ መቁረጥ።
4. ቃሪያውን ሰንጥቆ ፍሬውን ማውጣትና በረጅሙ መክተፍ፤ ሲሶውን ለማጌጫ ወይም ማሳመሪያ ማስቀመጥ።
5. ድስት ወይም ብረት ድስት ውስጥ ዘይቱ ቡናማ ቀለም እስኪሆነው ድረስ ማሞቅ፤ ባሮውን ጨምሮ ለአጭር ጊዜ ማብሰል።
6. አንድ ስኒ ውሃ መጨመርና ከነሙ ጋር በመሃከለኛ ሙቀት 20 ደቂቃ መቀቀል።
7. ድንቹን ከነጭ ሽንኩርት ጮማቁ፤ ዝንጅብልና ትንሽ ጨው ጋር ማማሰልና ማብሰል።
8. ለባእሙ ቃሪያ ማላስና ለአጭር ጊዜ መቀቀል።

Eintöpfe

Weihnachtlicher Grünkohl

Die Reise unserer landeskundigen Beraterin Dr. Sigvor Bakke zum Grünkohl

Grünkohl wuchs viele Jahre unbemerkt in unserem großen Garten in Vågseidet an einem Fjord in der Nähe von Bergen. Zwischen all den Beeren, Sträuchern, Blumen und Bäumen blieb er von unserer Familie unbeachtet. Ich habe ihn Jahrzehnte meines Lebens nie gegessen – weder in Norwegen noch in den USA, in Spanien oder Peru, wo ich jeweils über Jahre lebte. Erst mein späterer Ehemann erzählte mir in Lima davon, dass ich in Bremen Grünkohl mit Pinkel kennen lernen würde. Es wäre übertrieben zu behaupten, dass ich deshalb nach Bremen kam – aber als ich dann da war, habe ich auch den Grünkohl genossen. Nicht nur das: Mein Mann brachte alle notwendigen Ingredienzien mit nach Bergen und nun gab es erstmals zu Weihnachten Kasseler, deutsche herzhafte Würstchen, Bremer und Oldenburger Pinkel mit über viele Jahre verschmähtem Grünkohl aus unserem Garten. Meine Eltern waren so begeistert, dass nun recherchiert wurde – nach norwegischen Grünkohlrezepten. Und wir wurden fündig, auf dem Dachboden in einem Buch meiner Großeltern aus dem Jahre 1930: Ein Grünkohlrezept! Hatten sie den Kohl gepflanzt? Fortan gibt es in einer zunehmend globalisierten Welt auch internationale Grünkohlvarianten auf unserem familiären Speiseplan – in meinem Elternhaus nun mit wohlgepflegtem Grünkohl aus unserem wunderschönen Garten!

Min lange reisen til den norske grønnkålen

Grønnkål vokste i mange å i vår store hage på Vågseidet som ligger ved fjord i nærheten av Bergen i Norge. Mellom alle blomster, bærbusker og trær ble den så og si uoppdaget av vår familie. Gjennom mange tiår hadde jeg aldri spist denne grønnsaken, hverken i Norge, USA, Spania eller i Peru der jeg bodde i mange år. Det var først i Lima at min senere ektemann fortalte meg at jeg nok kom til å bli kjent med »Grünkohl und Pinkel« i Bremen. Det ville være en overdrivelse å hevde jeg kom til Bremen av den grunn, men da jeg først var kommet hit lærte også å sette pris på grønnkålen. Men ikke bare det, min mann tok alle nødvendige ingrediensene med til Norge, og nå spiste vi for første gang i julehelgen »Kassler«, tyske kraftige pølser, Bremer og Oldenburger Pinkel sammen grønnkål fra vår egen hage – som ingen riktig hadde brydd seg om tidligere. Mine foreldre var så begeistret for denne retten at vi begynte å lete etter norske grønnkål-oppskrifter – og på loftet fant vi en kokebok fra 1930! som hadde tilhørt min besteforeldre – og der var det sannelig en grønnkål-oppskrift! Hadde kanskje de plantet grønnkålen en gang i tiden? Fremdeles finnes det – i en stadig mer globalisert verden – også noen internasjonale grønnkålvariasjoner på vår private spiseplan, og familien min i Norge har nå den velpleide grønnkålen direkte fra vår vakre hage!

Zutaten

- 250 g Grünkohl
- 30 g (2 EL) Butter
- 30 g (2 EL) Mehl
- 4-5 dl Milch
- 1 Zucker
- 1 Prise Salz
- 1 Prise Pfeffer, frisch gemahlen
- 1 Prise Muskat
- evtl. etwas Zitronensaft

Zubereitung

1. Grünkohl: Rippen entfernen, kleinhacken, gut waschen und etwas abtropfen lassen.
2. Grünkohl in Salzwasser 15–20 Minuten köcheln lassen
3. Bechamel-Soße zubereiten
4. Den Grünkohl dazugeben und bei mittlerer Hitze 10–15 Minuten köcheln lassen.
5. Abschmecken mit Salz, Muskat und Pfeffer (und evtl. Zitronensaft)

🕐 25 Minuten

👍 Der besondere Tipp des Grünkohl-Gourmet-Teams: In Norwegen wird »stuing« viel benutzt und es passt gut zu Fleisch und Fisch. Statt Grünkohl – was nicht so verbreitet ist – werden auch Weißkohl, Steckrüben oder Erbsen benutzt. Besonders schmackhaft wird es, wenn man die Bechamel-Soße mit etwas Brühe zubereitet. Ein bisschen Sahne dazu ist auch gut.

Stuet grønnkål — Norwegen

- 250 g renset grønnkål
- 30 g smør
- 30 g hvetemel
- 4-5 dl melk
- 1 ts salt
- 1 ts pepper
- 1 ts muskat
- evtl. litt sitronsaft

Tilberedning

1. Vask, rens, hakk og forvell grønnkålen I lettsaltet vann
2. Lag hvit saus
3. Ha kålen i, og la den koke i sausen i 10–15 minutter
4. Smak til med salt, pepper og muskatt (evtl. litt sitronsaft)

Eintöpfe

Bigos aus Grünkohl

Zutaten
- 1,5 kg Grünkohl
- 1 großer Apfel
- 3 Zwiebeln
- 450 g Bockwurst
- 1 TL Kümmel
- 1 EL Schmalz
- 1 EL Butter
- 1 EL Mehl
- Salz, Pfeffer und Zucker zum Abschmecken
- 1 EL Zitronensaft
- 1 Glas Kraftbrühe

 40 Minuten

Zubereitung
1. Grünkohlblätter von dicken Strängen befreien. Blätter blanchieren, sieben, abschrecken und in dünne Streifen schneiden.
2. Grünkohl in einen Topf geben, mit Kraftbrühe, Kümmel, Salz, Pfeffer und Zucker bei kleiner Hitze ohne Deckel kochen.
3. In der Pfanne Schmalz zerlassen, fein geschnittene Zwiebeln und die in Scheiben geschnittene Wurst kurz braten und zum Grünkohl geben.
4. Geschälten und in Scheiben geschnittenen Apfel dazugeben.
5. Gegebenenfalls mit Mehl und Butter andicken.
6. Mit Zitronensaft, Salz und Pfeffer abschmecken.
7. Bigos als Beilage (oder mit Salzkartoffeln) servieren.

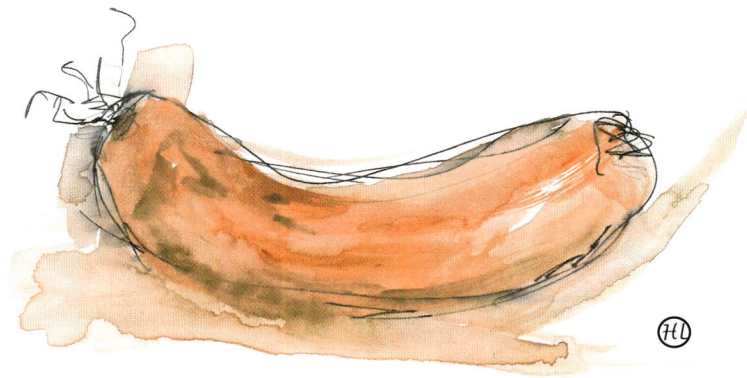

Polen

Bigosik z jarmużu

składniki

- 1,5 kg jarmużu
- duże winne jabłko
- 3 cebule
- 450 g kiełbasy wieprzowej
- Łyżeczka kminku
- Łyżka smalcu
- Łyżka masła
- Łyżka mąki
- śol, pieprz
- cukier
- łyżka soku z cyrtryny
- szklanka bullionu

przygotowanie

1. Z liści wycinamy grube nerwy. Liście wrzucamy na wrzątek i gotujemy kilka minut. Wyjmujemy. Przelewamy zimną wodą. Osączamy, kroimy w cienkie paski. Wkładamy do rondla, zalewamy gorącym bulionem, wrzucamy kminek, śol, pieprz, cukier i gotujemy na niewielkim ogniu bez przykrycia. Na palenti rozgrzewamy smalec, przesmażamy na nim pokrojoną cebulę, dodajemy pokrojoną w plasterski kiełbasę i chwilę smażymy. Dodajemy do jarmużu razem z obranym ogniu. Zagęzcamy zasmażką z masła i mąki. Doprawiamy do smaku sokiem z cytryny, pieprzem i solą.
2. Podajemy jako gorącą przystawkę lub z ziemniakami z wody.

Aufläufe

Maisroulade

Zutaten
- 180 g Maisgrieß
- 9 dl Bouillon
- 2 Lorbeerblätter
- 150 g Federkohl
- 90 g getrocknete Tomaten in Öl eingelegt
- 50 g Bergkäse
- 1,5 TL Rosmarin
- 2 Zehen Knoblauch
- Pfeffer

Zubereitung
1. Maisgrieß in der Gemüsebouillon aufkochen, Lorbeerblätter hinzufügen, bei schwacher Hitze ca. 20 Minuten köcheln.
2. Federkohl in Salzwasser blanchieren. Blattrippen entfernen, Blätter feinhacken.
3. Getrocknete Tomaten in feine Streifen schneiden, Bergkäse würfeln.
4. Maisbrei auf Backtrennpapier 4 mm dick ausstreichen. Federkohl, Tomaten & Käse darauf verteilen, würzen. Maismasse mit Hilfe des Backpapiers aufrollen, 30 Min. ruhen lassen.
5. Backofen auf 200 °C vorheizen. Maisroulade in ca. 1,5 cm Scheiben schneiden, auf ein blech legen und im Ofen heiß werden lassen.

🕐 45 Minuten

👍 Der besondere Tipp des Grünkohl-Gourmet-Teams: Mit einer gut gewürzten Tomatensoße servieren.

Schweiz
 Meisrulade

Zuetate
- 180 g Meisgriess
- 9 dl Bouliong
- 2 Lorbeerbletter
- 150 g Fäderechöli
- 90 g tröchneti Tomate wo im Öl iigleit sii
- 50 g Bärgchäs
- 1,5 TL Rosmarin
- 2 Zääje Chnobli
- Pfäffer

Zubereitig
1. Meisgriess i dr Gemüesbouliong ufchoche, Lorbeerbletter drzuegäh, bi schwacher Hitz ca. 20 Minute la chöcherle.
2. Fäderechöli im Sauzwasser blanschiere. Bletterrippi wägnäh, Bletter fin hacke.
3. Di tröchnete Tomate i fini Streife schniide, Bärgchäs würfle.
4. Meisbrei uf em Bachpapier 4 mm dick usstriche. Fäderechöli, Tomate u dr Chäs druf verteile, u würze. D'Meismasse mit hiuf vom Bachpapier ufroue, 30 Minute la ruhe …
5. Bachofe uf 200 °C vorheize. Meisrulade i ca. 1,5 cm Schllbe schnide, uf es Bläch lege u im Ofe la heiß wärde.

🕐 45 Minute

👍 Dr bsundr Tipp vom Grüenchöli-Gurme-Team: Mit enere guet gwürzte Tomatesoße servierä.

Grünkohl mit Eiern und Speck

Zutaten
- 2 kg küchenfertig vorbereiteter, frischer Grünkohl
- 150 g Schinkenspeckwürfel
- 150 g Zwiebelwürfel
- 0,4 l heiße Fleischbrühe
- Salz, frisch gemahlener schwarzer Pfeffer nach Geschmack
- 1½ Prisen frisch geriebene Muskatnuss
- 2 rohe geschälte Kartoffeln
- 12 dünne Scheiben durchwachsener Frühstücksspeck
- 6 Eier

 90 Minuten

Zubereitung
1. Grünkohl waschen, abtropfen lassen und die Blätter abstreifen.
2. Die Speckwürfel in einem Topf anbraten, Zwiebelwürfel dazugeben und ebenfalls anbraten.
3. Den Kohl zugeben, unter Rühren einige Minuten aufkochen lassen.
4. Die Brühe erhitzen, angießen und mit Salz, Pfeffer und Muskat würzen. Ca. 60 Minuten bei mittlerer Hitze köcheln lassen.
5. Die Kartoffeln in den Grünkohl reiben und alles weitere 5 Minuten köcheln lassen. Grünkohl in eine vorgewärmte Schüssel geben und warmhalten.
6. Die Speckscheiben in einer beschichteten Pfanne kross braten. Die Eier aufschlagen, auf den Speck gleiten lassen, salzen und ca. 6 Minuten stocken lassen.
7. Speck und Eier auf dem Grünkohl anrichten und servieren.
8. Dazu gibt es Bratkartoffeln.

Polen

jarmuż z boczkiem i jajami

składniki

- 2 kg jarmużu
- 150 g pokrojonego w kostkę boczku
- 150 g cebuli, pokrojonej w kostkę
- 0,4 l gorącego rosołu z mięsa
- Sól i świeżo zmielony czarny pieprz (do smaku)
- Świeżo startej gałki muszkatowej (do smaku)
- 2 obrane surowe ziemniaki
- 12 cienkich plastrów boczku
- 6 jajka

90 minut

przygotowanie

1. Jarmuż umyć i osaczyć
2. Boczek na patelni podsmarzyć, dodać cebulę i dalej smarzyc.
3. Jarmuzu dodac i mieszajac gotować kilka minut.
4. Wlać cieply bulion i doprawić solą, pieprzem i gałką muszkatową. Gotować na wolnym ogniu przez 60 minut.
5. Ocierane ziemniaki dodac do jarmużu i gotować kolejne 5 minut. Jarmuż dać w podgrzana miske.
6. Plasterki boczku na patelni ostro podsmarzyć. Jajka rozbic i rozpuścić na boczku, około 6 minut dalej smarzyć.
7. Boczek z jajami na jarmuż polozyc.
8. Smażone ziemniaki podac jako przystawkę.

Aufläufe

Lasagne mit Grünkohl

Zutaten
- 20 g getrocknete Steinpilze oder ca. 300 g frische Pilze
- 400 g Grünkohl
- 200 g Süße Sahne
- 1 große Zwiebel
- Salz, Pfeffer, Thymian
- 2 EL Olivenöl
- 100 g Emmentaler oder Pecorino
- 1 EL Mehl
- 300 g passierte Tomaten
- 8 Lasagne-Platten
- 1 Bund Petersilie

Zubereitung
1. Steinpilze mit kochendem Wasser übergießen und 1 Stunde quellen lassen. Pilze abgießen und Einweichwasser zum Ablöschen auffangen.
2. Grünkohl waschen und in Streifen schneiden. Zwiebel fein würfeln und Petersilie fein hacken.
3. Zwiebeln in heißem Fett anbraten, geschnittene Pilze dazugeben. Mehl darüberstäuben und mit dem Einweichwasser ablöschen. Grünkohl dazugeben und 15 Minuten etwas einkochen lassen.
4. Tomaten, Petersilie und Sahne in die Soße einrühren und mit Salz, Pfeffer und Thymian würzen. Käse reiben.
5. In einer vorgewärmten Auflaufform abwechselnd Nudelplatten, Gemüsesoße und den geriebenen Käse einschichten. Mit Soße und Käse abschließen.
6. Die Lasagne in dem heißen Ofen (mittlere Schiene) 30 bis 45 Minuten bei 220° (Gas: Stufe 4) backen, bis die Nudeln weich sind.

Italien

Lasagne con cavolo verde e funghi

Ingredienti

- 20 g di funghi porcini secchi o ca. 300 g di funghi freschi
- 400 g di cavolo verde
- 200 g di panna
- 1 cipolla (grande)
- sale, pepe, timo
- 2 cucchiai di olio d'oliva
- 100 g di pecorino o groviera
- 1 cucchiaio di farina
- 300 g di passato di pomodoro
- 8 fogli di lasagne
- 1 mazzetto di prezzemolo

Preparazione:

1. Bagnare i funghi porcini in acqua bollente, e far ammollare per 1 ora. Sgocciolarli e mettere da parte il sugo.
2. Pulire il cavolo verde e tagliare a striscie. Tritare la cipolla e il prezzemolo.
3. Soffriggere la cipolla tritata nell'olio, poi versare i funghi. Aggiungere un po' di farina e l'acqua dei funghi. Poi aggiungere il cavolo verde e far cuocere per circa 15 minuti.
4. Aggiungere il passato di pomodoro, il prezzemolo, la panna e aggiustare di sale, pepe e timo. Grattugiare il formaggio.
5. Riscaldare una pirofila. Mettervi a strati i fogli di lasagne, ricoprendo ogni strato con una parte del sugo e una spruzzata di formaggio grattugiato. L'ultimo strato sarà di formaggio col resto di sugo.
6. Mettere nel forno ben caldo a 220° per 30–45 minuti (forno a gas grado 4), finché la pasta sarà cotta.

Aufläufe

Türkischer Grünkohl/ Gerste-Auflauf mit Lammfrikadellen

Zutaten

- ¾ Tasse Gerste
- 1 kg Lamm als Hackfleisch
- 2 Zwiebeln, gehackt
- 5 EL fein gehackte Petersilie
- ¾ Tasse frische Semmelbrösel
- 2 Eigelb
- 2 Tassen Hühnerbrühe
- 1 Prise gemahlener Piment
- ¼ TL frisch geriebene Muskatnuss
- 1 TL Salz
- ½ TL frisch gemahlener Pfeffer
- 1 kg Grünkohl (oder 0,5 kg ohne Stiele)
- 1 EL Olivenöl
- 1,5 EL Butter
- 3 Knoblauchzehen, zerdrückt
- 2 TL gemahlener Koriander
- 1,5 Becher Sauerrahm

70 Minuten

 Der besondere Tipp des Grünkohl-Gourmet-Teams: Auch in die Grünkohlmischung eine Prise Piment geben.

Zubereitung

1. Grünkohl: Blätter abstreifen, waschen und grob hacken.
2. Gerste in einem großen Topf mit kochendem Salzwasser ca. 20 Minuten kochen.
3. In einem Topf verrühren und kneten: Lammhackfleisch, Zwiebeln, Semmelbrösel, Eigelb, ½ Tasse der Hühnerbrühe, Piment, Muskatnuss, ½ TL Salz und Pfeffer. Daraus kleine Fleischklößchen formen.
4. In einer Pfanne das Öl erhitzen und dann die Frikadellen kross braten. Beiseite stellen.
5. Die Butter in einem Topf erhitzen, den vorbereiteten Grünkohl und ½ Tasse Hühnerbrühe dazugeben und ca. 20 Minuten kochen.
6. Knoblauch, restliches Salz und Koriander verrühren, bis eine Paste entsteht. Einen TL Olivenöl in einer kleinen Pfanne bei mittlerer Hitze erhitzen, das Knoblauchgemisch ca. 3 Minuten anbraten, bis es goldbraun ist.
7. Die Knoblauchpaste in den Grünkohl rühren. Dazu dann die Gerste und die verbleibende ½ Tasse Hühnerbrühe sowie ganz vorsichtig die Fleischklößchen einrühren. Dann 30 Minuten bei schwacher Hitze garen.
8. Kurz vor dem Servieren die saure Sahne einrühren. Topf noch kurz auf dem Herd halten.

Türkei

Türk usulü Karalahana/Arpalı Köfte Suflesi

Malzemeler

- ¾ fincan arpa
- 1 kilo kuzu kıyması
- 2 doğranmış soğan
- 5 yemek kaşığı ince kıyılmış maydanoz
- ¾ fincan ufalanmış ekmek
- 2 yumurta sarısı
- 2 fincan tavuk suyu
- Bir tutam çekilmiş yenibahar
- ¼ taze rendelenmiş hindistan cevizi
- 1 çay kaşığı tuz
- ½ taze öğütülmüş karabiber
- 1 kilo kara lahana (veya sapsız ise yarım kilo)
- 1 yemek kaşığı zeytinyagı
- 1,5 yemek kaşığı tereyağı
- 3 dis ezilmiş sarımsak
- 2 çay kaşığı çekilmiş kişniş
- 1,5 bardak ekşi krema

 Pişme Süresi: 70 dakika

 Karalahana gurme-ekibinin tavsiyesi: Karalahananin icine yenibahar koyun.

Hazırlanışı

1. Kara lahananın yapraklarını koparın, yıkayın ve iri iri kesin.
2. Arpayı büyük bir tencerenin icinde tuzunu ilave edip suda aşağı yukarı 20 dakika pişirin.
3. Kıymayı, soğanı, ufalanmış ekmeği, yumurta sarısını, tavuk suyunun yarısını, yenibaharı, hindistan cevizini, yarım çaykaşığı tuzu ve karabiberi bir kapta karıştırarak yoğurun. hemen arkasından top, top köfte haline getirin.
4. Başka bir tencerede tere yağını eritip ve hazırlanmış lahanayı ve kalan tavuk suyunu ilave edip yaklaşık 20 dakika pişirin.
5. Tereyağı bir tencerede ısıtın. hazırlanmış yeşil lahanayı ve diğer yarım fincan tavuk suyunuda tencereye ilave edin ve aşağı yukarı 20 dakika pişirin.
6. Sarımsağı, kalan tuzu ve kimyonu ezme kıvamına gelene kadar karıştırın. küçük tavada bir çaykasığı zeytinyagını orta ateşte kızdırın ve ezilmiş, sarımsak karışımını 3 dakika sararana kadar kızartın.
7. Sarımsak karışımını lahanaya ilave edip karıştırın. sonradan kalan yarım fincan tavuk suyunu ve top top köftelerini içine koyun.
8. Servis yapmadan önce ekşi kremayı icine karıştırın. Ocağın altını kapatıp yemegi biraz daha bekletin.

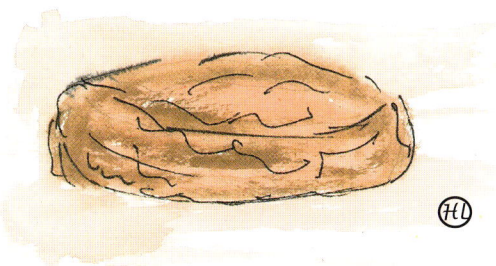

Pesto/Marmelade

Grünkohlmarmelade

Zutaten

- 300 g Grünkohlblätter, frisch
- 100 g Gelierzucker 1:3
- 1 St. Vanilleschote

 30 Minuten

Der besondere Tipp des Grünkohl-Gourmetteams: Die Grünkohlmarmelade passt sehr gut zu einer kleinen Käseplatte.

Vorbereitung

1. Den Grünkohl gut waschen, abtropfen und Blätter abstreifen, in kleine Stücke schneiden.
2. Den zerkleinerten Grünkohl mit dem Gelierzucker und dem Mark von der Vanilleschote aufkochen.
3. Die Marmelade in ein heiß ausgespültes Glas füllen, fest verschließen und abkühlen lassen.

Spaghetti mit Grünkohlpesto und Pecorino

Zutaten
- 400 g Spaghetti
- 10 Blätter Grünkohl
- 2 kleine Knoblauchzehen
- 150 ml Olivenöl
- Saft einer halben Zitrone
- 75 g Pinienkerne
- Salz
- 150 g Aprikosen
- 150 g getrocknete Tomaten
- 100 g Pecorino

Zubereitung

1. Beim Grünkohl das Grün von den Stängeln lösen, waschen und abtropfen lassen.
2. In einem Behälter – zusammen mit Öl – kleingehackte Aprikosen und Tomaten, Zitrone, Salz und Knoblauch pürieren. Dann die Pinienkerne dazugeben und kurz in Stücke pürieren.
3. Die Spaghetti 6 Minuten in Wasser mit einem Teelöffel Salz kochen, abtropfen lassen und im heißen Topf abdampfen lassen.
4. Das Pesto unter die gekochten Spaghetti mischen, den Pecorino darüberstreuen und servieren.
5. Alternative: Getrennt servieren, damit jeder sich selbst nach eigenem Geschmack bedienen kann.

Italien

 Spaghetti con pesto di cavolo verde e pecorino

Ingredienti

- 400 g di spaghetti
- 10 foglie die cavolo verde
- 2 spicchi d'aglio
- 150 ml d'olio d'oliva
- succo di mezzo limone
- 75 g di pinoli
- sale
- 150 g di albicocca
- 150 g pomodori secchi
- 100 g di pecorino

Preparazione

1. Pulire il cavolo verde, separare il verde dal gambo, lavare e asciugare.
2. In un frullatore mettere l'olio, le albicocche macinate e i pomodori, il succo di limone, sale e l'aglio. Finalmente aggiungere i pinoli.
3. Scolare gli spaghetti al dente.
4. Conditeli con il pesto e il pecorino.
5. Alternativa: Servire separate, così ognuno si prepara il suo piatto a piacere.

Quiche, Kuchen und Pizza

Grünkohl-Quiche

Zutaten

- 375 g Mehl
- 200 g weiche Butter
- 3 EL Wasser
- 1½ Prise Salz
- 400 g Grünkohl
- 3 Schalotten
- schwarzer Pfeffer
- 230 g geriebener Käse (Cheddar)
- 180 g gehackte Walnüsse
- 4½ Eier
- 1 Zehe Knoblauch
- 2 Thymianzweige
- 300 ml süße Sahne
- 150 ml Milch

Zubereitung

1. Aus dem Mehl, der Butter, dem Wasser und dem Salz einen Mürbeteig bereiten und diesen dann in eine gefettete Springform (24 cm) einlegen.
2. Den Teig im vorgeheizten Backofen bei 200 °C 10 Minuten »blind« backen.
3. Die Zwiebel hacken und unter den gekochten Grünkohl heben. Mit Salz und Pfeffer würzen. Den geriebenen Cheddarkäse und die gehackten Walnüsse unter den Kohl heben und alles auf den vorgebackenen Quicheteig geben. Für die Füllung die Eier, den zuvor ausgequetschten Knoblauch, abgestreiften Thymian, die Sahne und die Milch verrühren und über die Quiche gießen.
4. Die Quiche zurück in den Ofen schieben und in etwa 30 Minuten goldgelb backen.

Frankreich

Quiche au chou frisé

Ingrédients

- 375 g de farine
- 200 g de beurre ramolli
- 3 cuil. à soupe d'eau
- 1½ pincée de sel
- 400 g de chou frisé
- 3 échalotes
- poivre noir du moulin
- 230 g de fromage râpé (Cheddar)
- 180 g de noix hachées
- 4½ d'œufs
- 1 gousse d'ail
- 2 brins de thym
- 300 ml (30 cl) de crème légère
- 150 ml (15 cl) de lait

Préparation

1. Préparer une pâte brisée avec de la farine, du beurre, de l'eau et du sel et l'étaler dans un plat beurré.
2. Faire cuire la pâte au four préchauffé (200°, th. 6) pendant 10 min. (Astuce : Pour éviter qu'elle perde sa forme, piquer la pâte avec une fourchette, y poser un papier sulfurisé, ajouter des haricots secs, les enlever après la cuisson).
3. Emincer les échalotes et mélanger avec le chou frisé préalablement cuit. Saler et poivrer. Y incorporer le Cheddar râpé et les noix et étaler le mélange sur la pâte précuite.
4. Mélanger œufs, ail, thym, crème et lait et verser sur la quiche.
5. Remettre la quiche au four pour la dorer pendant 30 minutes.

Quiche, Kuchen und Pizza

Altenglischer Pilzpudding an Grünkohl

Zutaten

Füllung
- 600 g Rindfleisch, grob gewürfelt
- 400 g Pilze, gemischt
- 2 Zwiebeln, gewürfelt
- 4 EL Mehl
- 200 ml Rinderbrühe (Gekörnte Brühe)
- Worcestershire-Sauce
- Selleriesalz
- Pfeffer

Teig
- 300 g Mehl
- 1 TL Salz
- 8 EL Butter
- 250 ml Wasser, eiskalt

Grünkohl als Beilage
- 500 g Grünkohl
- 1 Zwiebel
- Salz, Pfeffer

ca. 2,5 Stunden

Zubereitung

1. Für den Teig Mehl und Salz in eine Schüssel sieben und Butter in Flöckchen zugeben. Wasser zugeben und mit einem Messer grob zu einem Teil verarbeiten. Auf bemehlter Arbeitsfläche kurz verkneten. Eine 1,2-l-Puddingform einfetten. Teig mit etwas Mehl zu einem Kreis von 25 cm Durchmesser ausrollen, ¼ herausschneiden und als Deckel verwahren. Form auskleiden und beiseite stellen.
2. Rindfleisch, Pilze, Zwiebeln, Mehl und Gewürze in einer Schüssel vermengen, in Puddingform füllen, ein paar Spritzer Worcestershire-Sauce und Rinderbrühe zugeben.
3. Teigränder überlappend zur Mitte biegen, anfeuchten und den Deckel auflegen. Ein rundes Stück Pergamentpapier auf den Teig legen und die ganze Puddingform in Alufolie einwickeln.
4. Einen Topf 5 cm hoch mit Wasser füllen und erhitzen. Form hineinstellen und zugedeckt 2,5 Stunden dämpfen. Dabei aufpassen, dass das Wasser nicht verkocht.
5. Zum Servieren Pudding auf Platte stürzen.
6. Als Beilage Grünkohl servieren. (Grünkohl ca. 60 Minuten kochen, dazu Zwiebeln, Salz, Pfeffer.)

Großbritannien

 # Old English Mushroom Pudding on Curly Kale

Ingredients

Filling
- 600 g beef; roughly diced
- 400 g mushrooms; mixed
- 2 onions, diced
- 4 tablespoons flour
- 200 ml beef broth (granulated broth)
- Worcestershire sauce
- celerysalt
- pepper

Dough
- 300 g flour
- 1 teaspoon salt
- 8 tablespoons butter
- 200 ml water, icecold

Curly Kale as Side Dish
- 500 g curly kale
- 1 onion
- salt, pepper

2,5 hours

Directions

1. To make the pastry, sift the flour and salt into a bowl and stir in flakes of butter. Add all the water and stir with a knife to form loose dough. Turn out onto a floured surface and knead shortly.
   Brush a 1,2 l pudding mould with oil or butter. Roll out the dough with a dusting of flour to form a circle of 25 cm in diameter.
   Cut out a quarter section and save for top, line the pudding mould and set aside.
2. Mix beef, mushrooms, onions, flour and seasoning in a bowl, transfer to the pastry-lined pudding mould. Add some dashes of Worcestershire sauce and beef broth.
3. Bring overlapping pastry edges towards the center, moisten with water and cover the top with the leftover pastry. Place a circle of baking parchment on top of the pastry, then cover the whole pudding mould with tin foil.
4. Fill 5 cm water in a sauce pan and bring it to boil. After water boils, lower the pudding mould into the pan and cover with the lid. Steam for 2½ hours, making sure the water doesn't boil out – add more if needed.
5. When ready to serve, turn the pudding out of the mould onto a serving plate.
6. Serve with curly kale as side dish. (curly kale should be cooked for 60 minutes along with onions, salt and pepper)

Griechischer Grünkohlstrudel

Zutaten

Füllung
- 300 g Kartoffeln
- 3 EL Butaris
- 400 g Grünkohl
- 2 Zwiebeln
- 2 Knoblauchzehen
- 400 g Hackfleisch
- Salz
- 1 TL getrockneter Oregano
- 1 TL gemahlener Rosmarin
- Frisch gemahlener Pfeffer

Strudelteig
- 3 Packungen Strudelteig à 125 g
- 75 g zerlassene Butaris

Kräuter-Feta-Creme
- 300 g Feta
- 2 Knoblauchzehen
- 300 g Naturjoghurt
- 8 EL gehackte Kräuter (z. B. Dill, Petersilie, Lauchzwiebeln)

 40 Minuten, dazu 45 Minuten Backzeit

 Der besondere Tipp des Grünkohl-Gourmet-Teams: Auf einem großen Holzbrett servieren. Strudel schräg in Scheiben schneiden und mit Feta-Creme bestreichen und frischen Kräutern garnieren.

Zubereitung

1. Strudel: Für die Füllung die Kartoffeln schälen und in 1 cm große Würfel schneiden. In der Pfanne in einem EL Butaris bei mittlerer Hitze kross braten. Dabei gelegentlich wenden. Inzwischen Grünkohlblätter abstreifen, gut waschen, abtropfen lassen und grob hacken.
2. Zwiebeln und Knoblauch schälen, würfeln und in einem EL Butaris in einer großen Pfanne glasig dünsten. Das Hackfleisch dazugeben und bei starker Hitze gerade eben krümelig gar braten (dauert 10–12 Minuten).
3. Inzwischen den Backofen auf 180 °C vorheizen und ein Backblech mit Backpapier auslegen.
4. Grünkohl in kochendem Wasser 3 Minuten blanchieren und abtropfen lassen. Mit dem Hackfleisch mischen, mit Oregano, Rosmarin, Pfeffer und Salz würzen.
5. Strudelteig ausrollen, die Fläche mit Butaris bestreichen und aufeinanderlegen. Den Teig auf ein bemehltes Küchentuch legen. Grünkohl-Hack und Kartoffeln darauf als Strang an einer Seite verteilen. An den Längsenden jeweils 5 cm freilassen.
6. Den Strudelteig mithilfe des Küchentuches aufrollen. Die Seiten verschließen. Den Strudel auf das Blech legen und mit dem restlichen Butaris einpinseln und im vorgeheizten Backofen auf der mittleren Schiene 45 Minuten backen.
7. Feta-Creme: Feta in kleine Würfel schneiden. Den Knoblauch schälen und grob hacken. Joghurt, Feta und Knoblauch in einem Mixbecher mit dem Mixstab pürieren. Mit den Kräutern verfeinern und die Creme mit Pfeffer abschmecken.

Griechenland

🇬🇷 Ελληνικό στρούντελ

Υλικά

- 300 γρ. πατάτες
- 3 κ.σ. Βιτάμ
- 400 γρ. λάχανο κατσαρό πράσινο
- 2 κρεμμύδια
- 2 σκελίδες σκόρδο
- 400 γρ. κιμά
- αλάτι
- 1 κ.γ. ρίγανη
- 1 κ.γ. τριμμένο δενδρολίβανο
- φρεσκοτριμμένο πιπέρι

Σφολιάτα
- 3 συσκευασίες σφολιάτα των 125 γρ.
- 75 γρ. λιωμένο Βιτάμ

Κρέμα-τυρί φέτα με καρυκευτικά
- 300 γρ. τυρί φέτα
- 2 σκελίδες σκόρδο
- 300 γρ. φυσικό γιαούρτι
- 8 κ.σ. ψιλοκομμένα καρυκευτικά (π.χ. άνιθο, μαϊντανό, φρέσκα κρεμμυδάκια)

 40 λεπτά εκτέλεση και 45 λεπτά ψήσιμο

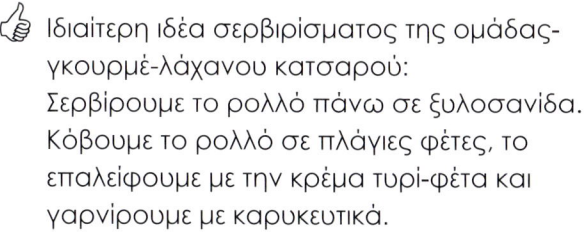 Ιδιαίτερη ιδέα σερβιρίσματος της ομάδας-γκουρμέ-λάχανου κατσαρού:
Σερβίρουμε το ρολλό πάνω σε ξυλοσανίδα. Κόβουμε το ρολλό σε πλάγιες φέτες, το επαλείφουμε με την κρέμα τυρί-φέτα και γαρνίρουμε με καρυκευτικά.

Εκτέλεση συνταγής

1. Σφολιάτα: Για τη γέμιση καθαρίζουμε πατάτες και τις κόβουμε σε κύβους 1 εκ. Τις τηγανίζουμε με Βιτάμ σε μεσαία θερμοκρασία μέχρι να ξεροψηθούν ολόγυρα. Στο ενδιάμεσο σχίζουμε φύλα από λάχανο, τα πλένουμε καλά, τα αφήνουμε να στραγγίσουν και τα χοντροκόβουμε.
2. Ξεφλουδίζουμε τα κρεμμύδια και τα σκόρδα, τα ψιλοκόβουμε σε κύβους και τα τηγανίζουμε γλασσέ με 1 κ.σ. Βιτάμ σε μεγάλο τηγάνι. Προσθέτουμε τον κιμά και τον τηγανίζουμε σε υψηλή θερμοκρασία μεχρι να γίνει τρίμματα (10–12 λ.).
3. Ενδιάμεσα προθερμαίνουμε το φούρνο στους 180°C και στρώνουμε μέσα σε ένα ταψί μια λαδόκολλα.
4. Ζεματίζουμε το λάχανο 3 λεπτά στο βραστό νερό και το αφήνουμε να στραγγίσει. Το ανακατεύουμε με τον κιμά, και προσθέτουμε τη ρίγανη, το δενδρολίβανο, αλάτι και πιπέρι.
5. Ανοίγουμε τη σφολιάτα σε φύλλο, επαλείφουμε την επιφάνεια με Βιτάμ και τοποθετούμε το ένα φύλλο πάνω στο άλλο. Βάζουμε τη ζύμη πάνω σε ένα αλευρωμένο πανί. Στρώνουμε το λάχανο με τον κιμά και τις πατάτες στην άκρη κατά μήκος της ζύμης. Αφήνουμε στο κάθε άκρο 5 εκ. ελεύθερα.
6. Τυλίγουμε με βοήθεια το πανί τη ζύμη σε ρολλό. Κλείνουμε τη ζύμη στα άκρα. Τοποθετούμε το ρολλό πάνω στο ταψί με τη λαδόκολλα, τον επαλείφουμε με το υπόλοιπο Βιτάμ και τον ψήνουμε 45 λεπτά στο μέσο ύψος του φούρνου.
7. Κρέμα τυρί-φέτα: Κόβουμε το τυρί σε μικρούς κύβους. Ξεφλουδίζουμε τα σκόρδα και τα κόβουμε σε χοντρά κομματάκια. Ρίχνουμε τη γιαο-ύρτι, τη φέτα και τα σκόρδα σε ένα υψηλό δοχείο και τα κάνουμε πουρέ με μια ράβδο μπλέν-τερ. Προσθέτουμε τα καρυκευτικά και το ανάλογο πιπέρι.

Quiche, Kuchen und Pizza

Grünkohlpizza

Zutaten

- Pizzateig für zwei Backbleche
- 1 kg Grünkohl
- 2 Zwiebeln
- 80 g Schweineschmalz
- 4 Würste (Bremer Pinkel)
- 4 Mettenden, Kochwürste oder 30 Scheiben Cabanossi
- Piment
- Pfeffer
- 3 Zehen Knoblauch, in großen Stücken
- 2 TL Salz
- 1 Prise Zucker
- 2 TL Senf
- ½ l Wasser

ca. 30 Minuten

Zubereitung

1. Pizzateig vorbereiten.
2. Das Schmalz in einem entsprechend großen Topf heiß werden lassen. Die Zwiebel darin glasig werden lassen. Den Grünkohl dazutun, etwas mitschmoren und das Wasser angießen. Salz, Pfeffer, Piment und Knoblauch im Mörser zerstoßen und zum Grünkohl geben. Zucker und Senf unterrühren. Die Pinkel und die Mettenden oben drauflegen. Alles bei milder Hitze 30 Minuten köcheln lassen. Nochmals abschmecken.
3. Am nächsten Tag den Pizzateig für ein Backblech ausrollen. Den Grünkohl über einem Sieb entwässern. Gleichmäßig auf der Pizza verteilen. Die Pinkel aufschneiden und darüberstreuen.
4. Die Mettenden in dünne Scheiben schneiden und verteilen.
5. Den Backofen auf 220–230 Grad vorheizen. Die Pizza 20 Minuten backen.
    Dazu ein kühles Bier. Prost!

Italien

Pizza con cavolo verde

Ingredienti

- pasta per pizza per 2 piatti di forno
- 1 kg di cavolo verde
- 2 cipolle
- 80 g di strutto di maiale
- 4 salsicce tradizionali (Bremer Pinkel)
- 4 salsicce o 30 fette di Cabanossi
- pimento
- pepe
- 3 spicchi d'aglio, in pezzi grande
- 2 cucchiaini di sale
- un po' di zucchero
- 2 cucchiaini di senape
- ½ l d`acqua

 ca. 30 minuti

Preparazione

1. Preparare pasta per la pizza.
2. In una pentola grande far fondere lo strutto di maiale. Soffriggere la cipolla. Aggiungere il cavolo verde, lasciare cuocere un po' e aggiungere l'acqua. Tritare sale, pepe, pimento e gli spicchi d'aglio in un mortaio. Mettere tutto nella pentola. Aggiungere zucchero e senape. Aggiungere le salsicce »Pinkel« e le fette di Cabanossi. Far bollire per 30 minuti a fuoco basso. Pepare e salare.
3. Dopo un giorno allargare la pasta nel piatto di forno. Far essicare il cavolo verde in un setaccio. Spargere il cavolo verde sulla pizza. Tagliare la salsiccia »pinkel« e condire.
4. Tagliare le salsicce o il cabanossi in fette fine e metterle sulla pizza.
5. Far prescaldare il forno a 220–230 °C. Infornare per 20 minuti.

Godere con una birra fresca. Salute!

Crostini und Chips

Geröstete Brotscheiben mit Grünkohl (Crostini)

Zutaten

- 3 Bund Grünkohl
- Salz
- Pfeffer
- Brot

Zubereitung

1. Die Kohlblätter abstreifen, waschen und ca. 1 Stunde in gesalzenem Wasser kochen. Den Kohl im Kochwasser abkühlen lassen, ausdrücken und grob hacken.
2. Das Brot in Scheiben schneiden. Die Brotscheiben rösten, mit nur einer Seite in die Brühe des Kochwassers eintauchen, mit dem Kohl belegen, pfeffern und mit kaltgepresstem Olivenöl beträufeln.

 80 Minuten

Grünkohl-Chips

Zutaten

- 200 g Grünkohlblätter
- Olivenöl
- Salz

Zubereitung

1. Die Blätter von den Strünken abstreifen
2. Auf ein Blech geben, mit etwas Olivenöl und Meersalz besprenkeln.
3. Bei ca. 180 Grad ca. 10 Minuten lang backen. Wenn er splittrig-crunchy und eventuell bereits braun, allerdings noch nicht schwarz ist, ist er fertig.
4. Dazu wird ein Dipp serviert. Vorschlag: Sehr gut ergänzt sich mit dem kräftigen Grünkohlgeschmack eine leichte Curry-Jogurt-Soße.

20 Minuten

Fleischgerichte mit Grünkohl

Grünkohl mit Fleisch und Meeresfrüchten

Chinese Curly Kale

Zutaten

- 600 g geputzter Grünkohl
- 3 St. Ingwer, gerieben
- 3 rote Chilischote, entkernt und in feine Streifen geschnitten
- 6 Zehen Knoblauch, durchgepresst
- 3 EL Sojasoße
- etwas Wasser
- 2 EL geröstete Sesamsaat
- Sesamöl zum Beträufeln
- Saft einer Limone / ersatzweise etwas Zitronensaft
- 6 Frühlingszwiebeln, in Scheiben geschnitten
- neutrales Öl für den Wok
- 600 g Tiger Prawns, große Krabben

 45 Minuten

China

 羽衣甘蓝的中式做法

Vorbereitung

1. Öl im Wok stark erhitzen, Chili, Knoblauch, Frühlingszwiebeln und Ingwer kurz darin anbraten.
2. Den gewaschenen Grünkohl zufügen und unter Rühren maximal 5 Minuten leicht zusammenfallen lassen. Zwischendurch Saft, Sojasoße und Wasser zugeben.
3. Zum Schluss die Krabben im Gemüse gut durchwärmen und mit Sesamsaat und Sesamöl bestreuen. Beim gesamten Kochvorgang ist es wichtig, die Hitze im Wok zu erhalten, also bitte nicht die Temperatur runterschalten, sondern den Inhalt stetig bewegen. So bleibt die Frische der Zutaten weitgehend erhalten.
4. Mit Basmati Reis anrichten.

原料

- 600g 羽衣甘蓝，洗净
- 3块生姜，切成碎
- 3根小红椒，去籽，切成细丝
- 6瓣蒜，拍成蒜末
- 3大勺酱油
- 少许水
- 1大勺烤芝麻
- 芝麻油（调味用）
- 鲜柠檬汁
- 6根葱，切片
- 炒菜用油
- 600g 老虎虾

做法

1. 油放入锅中大火加热，将红椒、蒜末、葱和姜放入锅中炝锅。
2. 放入洗净的羽衣甘蓝，翻炒至少五分钟，直到甘蓝变软。同时倒入柠檬汁、酱油和水。
3. 将虾放入蔬菜中直至热透，撒上芝麻和芝麻油。在烹制过程中，保持炒油高温很重要，所以请勿将火调小。应不断翻炒锅中的原料，这样菜蔬菜可以保持新鲜。
4. 最后配上巴斯马帝香米做成的米饭即可。

 45分钟

Fleischgerichte mit Grünkohl

Schwedischer Weihnachtsgrünkohl mit gekochtem Schinken

Dieses Gericht hat eine lange Tradition in der Familie unseres landeskundigen Beraters: Sven Hallonsten ist unser schwedischer Hobby-Koch. Das Rezept stammt aus der Region Halland im Südwesten Schwedens.

Zutaten
- 2 kg Schinken vom Schwein
- 5 Strünke Grünkohl
- Butter
- Salz
- Pfeffer

🕐 3 Stunden

Zubereitung

1. Der Weihnachsschinken wird ca. 2 Stunden gekocht (gelegentlich etwas Wasser nachgießen) und dann warmgehalten. Den Bratensaft auffangen und für das Grünkohlkochen bereithalten.
2. Den Grünkohl (ca. 4–5 Stängel) gut waschen, die dicken Strüncke abschneiden und in kleine Stücke schneiden (oder in der Küchenmaschine kurz hacken).
3. Den Grünkohl im Fleischsaft des Weihnachtsschinkens (ein traditioneller schwedischer Weihnachtsschweinebraten) ungefähr eine Stunde lang kochen. Die Flüssigkeit etwas einkochen lassen.
4. Dann den Kohl abgießen.
5. Zum Servieren den Grünkohl in etwas Butter anbraten, mit ein bisschen Zucker bestreuen und Sahne zugeben, bis der Kohl eine cremige Konsistenz annimmt.
6. Mit Salz und Pfeffer abschmecken. Wird als Beilage zum Weihnachtsschinken serviert, zusammen mit anderem Kohl, wie Rotkohl und Braunkohl.

Schweden

 # Svensk julgrönkål med kokt julskinka

Detta rätt har en lång tradition hos vår svenske hobby köksmästaren. Rezeptet kommer från Halland som ligger i Sydväst-Sverige.

Ingredienser

- 2 kg julskinka (från gris)
- 4-5 knippen grönkål
- smör
- salt
- peppar

 Tillagningstid: 3 timmar

Så här lagar du julskina med grönkål

1. Lägg skinkan i en gryta och häll på med vatten så att det täcker. Koka julskinka i två timmer (fyller på lite vatten), låt sen skinkan stå i värmen.
2. Behåller spadet tills du koka grönkål
3. Skölj grönkålen (cirka 4-5 knippen) väl, ta bort grova stjälkar och hacka i mindre bitar (alt. använd mixer).
4. Koka grönkålen i skinkspadet cirka en timme. Spadet ska koka in ordentligt. Silas sen av. Vid servering bryn kålen i lite smör, strö över lite socker och tillsätt grädde för att få en mjuk konsistens. Salta och krydda efter behov. Serveras som tillbehör till julskinkan tillsammans med annan kål, som rödkål och brunkål.

Smaklig måltid!

Grünkohl mit Spare Ribs und karamellisierten Süßkartoffeln

Zutaten
- 800 g Grünkohl frisch, geputzt
- 1 Prise Salz
- 400 g frische Kartoffeln, ungeschält, fest kochend
- 300 g Batate (Süßkartoffel)
- 100 g Zwiebeln
- 1,4 kg Schweinsrippe
- 5 EL Öl
- 100 g Schweinespeck, durchwachsen (Frühstücksspeck), am Stück
- 1 l Rinderfond
- 1 Zimtstange
- 1 Prise Pfeffer
- 40 g Honig
- 300 ml Tomatenketchup
- 2 EL Currypulver
- 2 EL Kümmel, gemahlen
- 2 EL Paprikapulver, scharf
- 2 EL Sojasoße
- 2 EL Zucker braun Rohzucker

Zubereitung
1. Grünkohl gründlich waschen und abtropfen lassen. Anschließend in kochendem Salzwasser 3 Minuten garen, abgießen, abschrecken, gut abtropfen lassen und ausdrücken. Dann mit einem großen Messer feinhacken.
2. Die Kartoffeln schälen und in kaltes Wasser legen. Die Süßkartoffeln schälen und abgedeckt kaltstellen. Die Zwiebeln abziehen und feinschneiden.
3. Die Spare Ribs portionieren, in jeweils 3 bis 5 Rippenstücke schneiden. Dann in leicht kochendem Salzwasser 2 bis 3 Minuten blanchieren, herausnehmen und abtropfen lassen.
4. 3 EL Öl in einem Topf erhitzen, Zwiebeln und Speck darin bei mittelstarker Hitze farblos dünsten. Den Grünkohl zugeben und 2 Minuten mitdünsten. Die Spare Ribs, Wasser, Fond und Zimtstange zugeben, aufkochen lassen und bei mittlerer Hitze 1 Stunde garen lassen. Mit Salz und Pfeffer würzen. Nach 30 Minuten die Kartoffeln zu dem Grünkohl geben, die Spare Ribs herausnehmen und abtupfen.
5. Honig, Ketchup, Curry, Kümmel, Paprikapulver und Sojasoße verrühren. Die Spare Ribs mit der Marinade fett einstreichen, auf ein Backblech legen und im vorgeheizten Backofen auf der mittleren Schiene 20 bis 25 Minuten bei 200°C garen. In der Zwischenzeit das restliche Öl in einer beschichteten Pfanne erhitzen, die Süßkartoffeln zugeben und bei mittlerer Hitze 5 bis 6 Minuten braten, mit Salz und Pfeffer würzen. Mit Zucker bestreuen und in ca. 2 Minuten hellbraun karamellisieren.
6. Spare Ribs aus dem Ofen nehmen und zusammen mit Grünkohl und Süßkartoffeln sofort servieren.

USA

 # Kale with spare ribs and candied sweet potatoes

Ingredients

- 800 g fresh and cleaned kale
- 1 pinch of salt
- 400 g potatoes, fresh, not peeled, firm boiling
- 300 g sweet potatoes
- 100 g onions
- 1.4 kg spare ribs
- 5 tbsp vegetable oil
- 100 g bacon
- 1 l beef stock
- 1 pc. cinnamon stick
- 1 pc. green pepper
- 40 g honey
- 300 ml tomato ketchup
- 2 tbsp curry powder
- 2 tbsp ground cumin
- 2 tbsp ground red pepper or cayenne pepper
- 2 tbsp soy sauce
- 2 tbsp brown sugar

Directions

1. Wash kale thoroughly and dry it. Boil the cabbage leaves in hot salt water for three minutes. Drain water from pot. Quench, drain and press the cabbage. Dice it with a big knife.
2. Peel potatoes and put them in cold water. Peel sweet potatoes, cover and keep them cool. Peel onions and dice them.
3. Cut spare ribs into portions of 3 to 5 ribs each. Blanch ribs in barely cooking salt water for two to three minutes. Remove and drain ribs.
4. Heat 3 tbsps of vegetable oil in a pot. At medium heat, sauté onions and bacon until translucent. Add kale and simmer together for another two minutes. Add spare ribs, water, beef stock and cinnamon stick. Bring to a boil. At medium heat, simmer for one hour. Spice with salt and pepper. After 30 minutes, add potatoes, remove spare ribs and pat them dry.
5. Whisk honey, ketchup, curry powder, ground cumin, ground red pepper and soy sauce together. Brush thickly onto the spare ribs. Put spare ribs on a cookie tray and cook in pre-heated oven at 200 degrees Celsius for 20 to 25 minutes (middle rack). In the meantime, heat remaining vegetable oil in a non-stick saucepan, add sweet potatoes and fry them at medium heat for five to six minutes. Sprinkle with sugar and cook for about 2 minutes until light brown.
6. Remove spare ribs from oven and serve immediately with kale and sweet potatoes.

Grünkohl mit Huhn

Zutaten

- 7 EL Olivenöl
- 6 Stück Hühnchenbrustfilet
- Saft und Abrieb einer Zitrone
- 6 EL Pinienkerne
- je 3 TL Basilikum, Petersilie, Minze
- 300 ml Weißwein
- 600 g weiße Bohnen
- 85 ml Bier
- 1,4 kg Grünkohl
- 3 Zehen Knoblauch
- Chiliflocken, Salz und Pfeffer

🕐 60 Minuten

Zubereitung

1. Gewachsene Hähnchenbrust mit 2 EL Olivenöl in einer ofenfesten Bratpfanne von jeder Seite 2 Minuten scharf braten.
2. Herd auf 200 Grad stellen, damit das Fleisch später in Ruhe fertig garen kann.
3. Marinade vorbereiten: Basilikum, Petersilie und Minze grob hacken. Zitrone pressen. Kräuter mit 4 EL Olivenöl und dem Saft und Abrieb der Zitrone vermengen. Knoblauch pressen.
4. Die Pfanne mit dem Huhn in den vorgewärmten Ofen stellen, für 8 Min. ohne Deckel garen.
5. 1 EL Olivenöl in zweiter Pfanne erwärmen. Den Knoblauch und die Chiliflocken hinzugeben und kurz anbraten. Weiße Bohnen aus der Dose abtropfen lassen.
6. Grünkohl in die Pfanne mit dem gebratenen Knoblauch geben und 1 Minute erhitzen. Tipp: Einen Deckel auf die Pfanne legen. Durch den Dampf wird der Grünkohl schneller gar. Nun die weißen Bohnen und die Pinienkerne dazugeben. Das Ganze regelmäßig umrühren, damit nichts anbrennt. Nach 8 Minuten einen Deckel auf die Huhn-Pfanne legen und das Fleisch auf kleiner Flamme warmstellen.
7. Nun das Pfannengemüse mit 85 ml Bier ablöschen, umrühren. Der Grünkohl sollte noch mindestens 5 Minuten kochen. Öfter umrühren. Wenn die Flüssigkeit fast verdampft ist, die Pfanne von der Platte nehmen. Geflügelfleisch muss immer voll durchgegart sein (Kerntemperatur 80 bis 85 Grad – Pute sollte 90 Grad haben).
8. Salzen, pfeffern. Dann die Kräutermarinade in der Pfanne mit Wein 1 Minute kochen. Huhn auf Teller, mit Weißwein-Soße übergießen. Gemüse dazu, fertig.

Vietnam
 Cai xoan

- 7 muong an dau O liu
- 6 Uc ga
- 1 trai chanh
- 6 muong an dau Pinienkerne
- Basilikum, Petersilie, Minze moi thu 3 nhanh
- 300 ml vang trang
- 600 g Dau tay trang (co the mua hop
- 85 ml Bia
- 1,4 kg Grünkohl
- 3 tep toi
- Ot kho, muoi va tieu

⏱ 60 Phut

Chuan bi

1. Uc ga rua sach roi chien moi mat 2 phut voi 2 muong dau o liu.
2. Mo lo nuong voi 200 do (de sau do nuong cho Uc ga tu tu chin).
3. Chuan bi cho phan gia vi rau: Basilikum, Petersilie, Minze sac lon, Ep chanh lay nuoc, tat ca do vao chung voi 4 muong an o liu tron deu, toi sac nho.
4. Bo uc-ga vao 1 cai chao hoac noi va bo vao lo nuong da mo san, nuong 8 phut va nho khong can day nap.
5. Do 1 muong an dau O liu vao 1 cai chao khac, do nong, roi chien so toi va ot kho, Khui hop dau tay trang va de cho kho.
6. Grünkohl do vao cai chao co toi va ot kho va tron deu khoang 1 phut. Nho day nap de hoi nong lam Grünkohl mau chin, sau do bo dau tay trang vao cung voi Pinienkerne, sau do tron deu tay, de khong bi chay (hay khet) bay gio 8 phut nuong ga da het, lay nap day lai va mo nho do trong lo nuong.
7. Bay gio do 85 ml Bia vao cai chao co nhung thu rau va tron deu, Grünkohl se duoc nau them 5 phut, luon luon tron deu den khi nuoc trong noi cua Grünkohl bi boc hoi it di, sau do tat lo. Uc ga phai that memm (Ga thi nuong tu 80 den 85 do nhung Ga tay thi de lo 90 do).
8. Do ruou vang trang vao cai chao co nhung thu nhu Basilim v.v. Roi nau khoang 1 phut. Sau 1 phut do la nuoc sot ruou vang trang.
9. Khi don thi bo 1 uc ga vao cai dia, do nuoc sot vang trang len va Grünkohl them vao dia, the la chung ta se co 1 phan an Grünkohl that ngon.

Fleischgerichte mit Grünkohl

Spanischer Grünkohl mit Chorizo

Zutaten

- 1 kg frischer Grünkohl
- 300 g Gemüsezwiebel
- 2 Knoblauchzehen
- 1 rote Pfefferschote
- 1 Ring milde Chorizo
- 3 EL Schweineschmalz

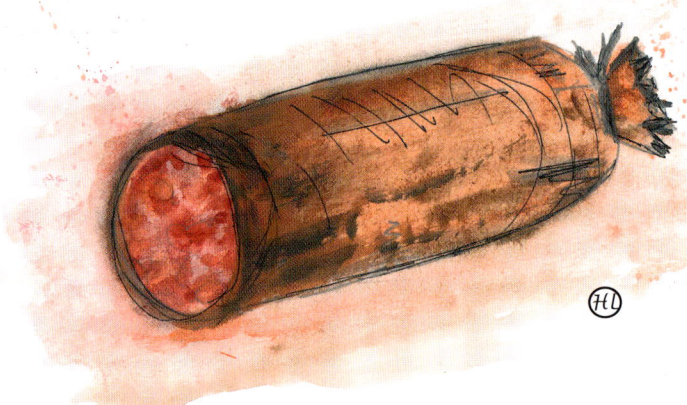

Zubereitung

1. Die Grünkohlblätter von den Stielen abstreifen, gründlich waschen und abtropfen lassen. Den Grünkohl portionsweise 2–3 Minuten in einem großen Topf blanchieren, abschrecken, abtropfen lassen, ausdrücken und grob hacken. Zwiebel mittelfein würfeln. Knoblauch fein hacken. Pfefferschoten längs halbieren, entkernen und in dünne Streifen schneiden. Chorizo in dünne Scheiben schneiden.
2. Schmalz in einem großen Topf erhitzen. Zwiebeln, Knoblauch, Pfefferschoten und Chorizo hineingeben und unter Wenden andünsten. Den Grünkohl unterheben, kurz mitdünsten und mit Paprikapulver, Pfeffer und Salz herzhaft würzen. Mit Rinderfond ablöschen und bei milder bis mittlerer Hitze zugedeckt 30–45 Minuten kochen.
3. Inzwischen die Paprika halbieren, entkernen und mit der Hautseite nach oben auf ein Backblech legen. Unter dem vorgeheizten Grill auf der 3. Schiene von unten 10-12 Minuten grillen, bis die Haut schwarze Blasen wirft. Mit einem feuchten Tuch bedecken, dann häuten und in 2 cm große Rauten schneiden. Pinienkerne in einer Pfanne ohne Fett goldbraun rösten. Kurz vor dem Servieren die Paprikarauten unter den Grünkohl heben, erwärmen und mit Pinienkernen bestreuen.
4. Dazu können frittierte Kartoffelspalten serviert werden.

Spanien

Col Verde Española con Chorizo

Ingredientes

- 1 kg Col Verde fresca
- 300 g Juliana de Cebolla (la cebolla grande)
- 2 Dientes de ajo
- 1 Vaina de Pimienta Roja
- 1 Anillo de Chorizo con sabor mediano
- 3 EL Manteca
- 1 Pimineto morrón
- Piñones

Preparación

1. Separar las hojas de la col verde de su tronco, lavar cuidadodamente y dejar escurrir. La col verde en porciones se dejará en una hoya grande de 2–3 min escaldar, pasar por agua fría, dejar escurrir, exprimir y partir en trozos grandes. La cebolla será partida en cubos medianos. La vaina de pimienta roja se partirá a la mitad, se quitará las semillas y se cortará en tiras delgadas. El Chorizo se corta en rodajas delgadas.
2. La manteca se calienta en una hoya. Se agrega a cebolla, el ajo, la pimineta roja y el chorizo hasta que se ablandece todo. Recubrir la col en forma envolvente, dejar por poco tiempo que se reblandesca y sasonar con polvo de pimineta roja, pimienta y sal. Se agrega caldo de res ya preparado y con una flama media baja se deja cubierto alrededor de 45 mi. que cuesa.
3. Entretanto se parte a la mitad el pimineto morrón, se extrae el interior y con la piel hacia arriba se deja en el horno en la parte de hasta abajo. Se dejará cocer de 10–12 minutos hasta que la piel esté negra. Se cubre con un paño de tela y se quita la piel negra y se parte en rombos de alrededor 2 cm. En un sartén sin grasa se agregan los piñones y se tuestan hasta que tomen un color cobrizo. Poco antes de server se calienta el pimiento morron y la col verde y se adorna con los piñones.
4. Para acompañar se puede servir con papas fritas en gajos.

Fleischgerichte mit Grünkohl

Grünkohl brasilianisch

Couve ist der brasilianische Verwandte des krausen Grünkohls, ein grüner Blattkohl. Insoweit müssen wir hier etwas variieren, um den typisch brasilianischen Geschmack eines gut gegarten Blattkohls zu erzeugen.

Zutaten

- 2 kg Grünkohl
- 130 g durchwachsener Speck (Bacon)
- 2 Zwiebeln
- 2 Zehen Knoblauch
- 2 TL Salz
- einige Tropfen Zitrone

 30 Minuten

Der besondere Tipp des Grünkohl-Gourmet-Teams: Ein paar Tropfen Zitrone vor dem Servieren hinzugeben.

Zubereitung

1. Den frischen Grünkohl unter kaltem fließendem Wasser waschen und die Blätter von den harten Stängeln trennen. Dann die Blätter in 0,5 cm breite Streifen schneiden.
2. In einer großen Pfanne kleingeschnittenen Speck, Zwiebeln und Knoblauch glasig anbraten. Den Kohl hineingeben und ohne Deckel 5 Minuten lang schmoren lassen, kurz die Konsistenz (ist der Kohl schon richtig zart?) prüfen und eventuell 3–5 Minuten zusätzlich garen lassen.
3. Mit Salz abschmecken.

Brasilien
 # Couve à brasileira

A couve é a parente brasileira do repolho crespo, é um repolho de folhas lisas. Desta forma, precisamos variar um pouco, para conseguir o típico sabor brasileiro de uma boa couve.

Ingredientes
- 2 kg de couve
- 130 g de toucinho defumado (bacon)
- 2 cebolas
- 2 dentes de alho
- 2 colheres de chá de sal
- Algumas gotas de limão

Modo de preparo
1. Lavar as folhas de couve debaixo de água corrente e retirar o caule duro. Com uma faca afiada, cortar das folhas de tiras finas de 0,5 cm de largura.
2. Em uma frigideira grande fritar o bacon, a cebola e o alho cortados em quadradinhos. Juntar a couve lavada e deixar murchar por 5 minutos sem tampa. Se a couve ainda estiver dura, deixar cozinhar mais uns 3 a 5 minutos.
3. Temperar com sal.

 30 minutos

 A dica especial da equipe Grünkohl-Gourmet: Antes de servir, pingue algumas gotas de limão.

Fleischgerichte mit Grünkohl

Irish Stew mit Grünkohl

Friedrich Engels gab im Poesiealbum von Jenny Caroline Marx Irish Stew als sein Lieblingsgericht an.

Zutaten

- 1,5 kg Lammfleisch (Schulter)
- 50 g Butter
- 2 Zwiebeln (mittlere Größe)
- 1,5 Möhren (mittlere Größe)
- 1,5 Wurzeln Petersilie
- 1/3 Sellerie
- 1 kg Grünkohl
- 1,5 kg Kartoffeln
- Salz, Pfeffer

 ca. 40 Minuten

Der besondere Tipp des Grünkohl-Gourmet-Teams: Thymian und Basilikum runden den Geschmack ab.

Zubereitung

1. Lammfleisch in große Würfel zerkleinern.
2. Zwiebeln in Ringe schneiden, Möhren, Petersilienwurzeln und Sellerie länglich und sehr dünn schneiden (juliennes).
3. Grünkohl gründlich waschen, abtropfen lassen, vom Stängel abstreifen und die Blätter vierteln.
4. Butter in einen großen Topf geben, Zwiebeln darin hell rösten.
5. Fleisch dazugeben, anbraten und würzen. Wasser dazugießen und weichdünsten.
6. Gemüse und in Würfel geschnittene Kartoffeln dazugeben, weichdünsten lassen und würzen.
7. In großer Schüssel servieren.

Irland

 Irish Stew with Curly Kale

Ingredients
- 1,5 kg lamb (shoulder)
- 50 g butter
- 2 onions (medium size)
- 1,5 carrots (medium size)
- 1,5 parsley roots
- ⅓ celery
- 1 kg curly kale
- 1,5 kg potatoes
- salt and pepper

 ca. 40 minutes

 The special tip of the Curly-Kale-Gourmet-Team: Thyme and Basil round off the flavour.

Directions
1. Cut the meat into big square pieces
2. Slice the onions thinly and cut the carrots, parsley roots and celery into very thin strips (Juliennes)
3. Wash the curly kale thoroughly, let it drain, remove it's leaves from the stem and quarter them.
4. Put the butter in a large saucepan, add the onions and brown them until they are golden.
5. Add the meat, brown and season it. Add water and stew it until soft.
6. Add the other vegetables and the diced potatoes, continue to stew everything until tender, season it with salt and pepper.
7. Serve piping hot in a large bowl.

Friedrich Engels stated in Jenny Caroline Marx's autograph book that Irish Stew was his favourite dish.

Fischgerichte mit Grünkohl

Fisch und Grünkohl

Schellfischfilet mit Grünkohlgemüse und Kartoffel-Senfstampf

Zutaten

- 4 Portionen Schellfischfilet á 200 g
- 600 g Grünkohlblätter
- 4 St. kleine Schalotten
- 450 g Kartoffeln
- 100 ml Sahne
- 75 g Butter
- Salz, Pfeffer, Zucker, grober Senf, Senf, Muskat, Mehl, Olivenöl, Gemüsebrühe

Zubereitung

1. Den Schellfisch mit Salz und Pfeffer würzen und in Mehl wälzen, in einer beschichteten Pfanne mit Olivenöl von beiden Seiten anbraten und bei 140 °C für ca. 10 Minuten garen (je nach Größe des Filets).
2. Die Kartoffeln schälen, in grobe Würfel schneiden und in ausreichend gesalzenem Wasser kochen. Wenn die Kartoffeln weich sind, das Wasser abgießen und wieder in den Topf geben und kurz ausdampfen lassen. In der Zeit die Sahne mit der Butter, Salz, Pfeffer und Muskat aufkochen. Die Kartoffeln grob kleinstampfen und mit der Sahnemischung verrühren. Das Ganze mit den beiden Senfsorten nach Belieben verfeinern.
3. Die Grünkohlblätter und die Schalotten in feine Streifen schneiden. In einer Pfanne einen Esslöffel Zucker karamellisieren und den Grünkohl mit den Schalotten darein geben, etwas Butter und Gemüsebrühe hinzugeben und kurz köcheln lassen, mit Salz und Pfeffer abschmecken.

Fisch & Grünkohl Creole

Zutaten

- 400 g Grünkohl
- 2 EL Öl
- 2 Zwiebeln, gehackt
- 1 EL Cajun-Gewürz
- 300 g Mais, abgetropft
- 600 g gehackte Tomaten
- 600 g Dorsch
- 350 g Ananasscheiben in natürlichem Saft

 40 Minuten

Zubereitung

1. Den Grünkohl wie üblich vorbereiten und in kochendem Wasser 5 Minuten blanchieren.
2. Das Öl in einem großen Topf erhitzen und die Zwiebel für 5 Minuten garen. Cajun-Gewürz und Zuckermais für 1 Minute köcheln. Grünkohl und 150 ml Wasser hinzufügen, abgedeckt 5 Minuten köcheln lassen.
3. Dorsch und Ananas in Stücke geschnitten dazugeben und für weitere 5 Minuten köcheln.
4. Servieren mit Kartoffelpüree.

 USA

Fish & Kale Creole

Ingredients

- 400 g kale
- 2 tbsp vegetable oil
- 2 onions, diced
- 1 tbsp Cajun spice
- 300 g corn, drained
- 600 g tomatoes, diced
- 600 g filet of codfish
- 350 g pineapplice slices in natural juice

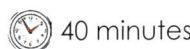 40 minutes

 Special recommendation of the gourmet team: Serve with mashed potatoes.

Directions

1. Wash kale thoroughly, dry leaves and blanche in boiling water for five minutes.
2. Heat vegetable oil in a large pot and sauté the onion for five minutes. Simmer Cajun-spice and sweet corn for one minute. Add kale and 150 ml of water. Cover and simmer for five minutes.
3. Add cut into pieces filets of codfish and pineapple slices and simmer for another five minutes.

Kümmelbratl vom Wels auf Grünkohl

Zutaten

Für den Wels
- 600 g Welsfilet mit Haut
- Butterschmalz
- 50 ml Kalbsjus
- ½ zerdrückte Knoblauchzehe
- 1 TL Balsamicoessig
- Rosenpaprika, Kümmel, Salz, Pfeffer

Für den Grünkohl
- 250 g Grünkohl
- 50 ml Weißwein
- 50 ml Gemüsebrühe
- 50 g Schalotten
- 40 g Butter
- 40 g Speck
- Kümmel, Paprika, Salz, Weinessig

45 Minuten

Zubereitung

1. Kohl in feine Streifen schneiden. Butter zergehen lassen, Schalotten glasig anschwitzen und den Kohl dazugeben. Unter ständigem Wenden ebenfalls anschwitzen, so bekommt er eine schöne Farbe.
2. Dann Kümmel, Paprika, Salz, Pfeffer dazugeben, kurz durchschwenken und mit einigen Spritzern Weinessig, Weißwein und Gemüsebrühe aufgießen. Kurz dünsten. Der Grünkohl darf ruhig ein bisschen Biss haben.
3. Das Welsfilet schröpfen. Das heißt mit einem scharfen Messer auf der Hautseite leicht einschneiden. Dann auf der Hautseite in Butterschmalz kross braten, wenden und fertig garen.
4. Als Soße passt eine paprizierte Kümmelglace. Reduzierten Kalbsjus mit Knoblauch, Kümmel, Paprika und Balsamicoessig abschmecken.
5. Für eine leichtere Variante kann man auch Paprikaschaumsoße oder Kren-Schaum verwenden.

Rochen mit Grünkohl

Zutaten

- 1,2 kg Rochenflossen
- 300 g Grünkohl
- 1½ Schalotten
- 1 Bund Petersilie
- 75 g schwach gesalzene Butter
- 150 cl Weißwein
- Crème fraîche
- Salz
- Weißer Pfeffer

 30 Minuten

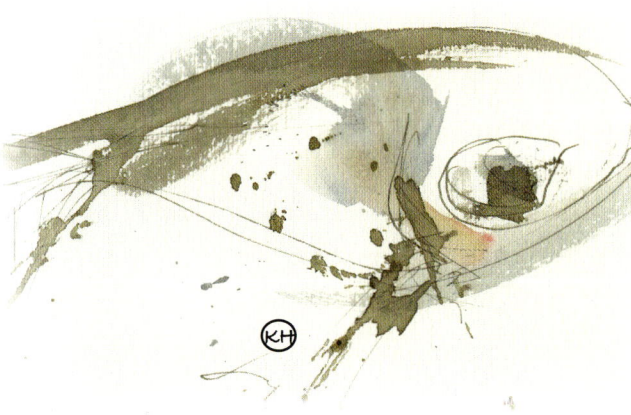

Zubereitung

1. Den Grünkohl in Streifen schneiden und zehn Minuten lang in viel kochendem Wasser blanchieren. Gut abtropfen lassen.
2. Inzwischen die Rochenflossen putzen und häuten (man kann auch den Fischhändler bitten, ihn küchenfertig zuzubereiten).
3. Eine Gratinform großzügig ausbuttern, Schalotten und Petersilie auf dem Boden der Form verteilen, darauf die Kohlstreifen und zum Schluss die Rochenflossen anrichten. Mit dem Weißwein begießen, etwa 3/5 der Butter – in Stückchen – darauf verteilen.
4. Im auf 230 °C vorgeheizten Ofen etwa zehn Minuten schmoren lassen.
5. Aus dem Ofen nehmen, zwei bis drei Esslöffel der Kochflüssigkeit entnehmen, mit der gleichen Menge Crème fraîche mischen, die Rochenflossen damit begießen, die restliche Butter – in Stückchen – darauf verteilen, mit Salz und Pfeffer würzen. Für weitere sechs oder sieben Minuten im Ofen bei 230 °C gratinieren.
6. Direkt aus der Form servieren.
7. Entweder mit Weißbrot oder mit Kartoffeln servieren.

Frankreich

Raie au chou frisé

Ingrédients
- 1,2 kg (6 morceaux) d'ailes de raie
- 300 g de chou frisé
- 1 ½ échalotes
- 1 bouquet de persil
- 75g de beurre demi-sel
- 150 cl de vin blanc
- crème fraîche
- Sel de Guérande
- Poivre blanc du moulin

 30 minutes

Préparation

1. Faire bouillir une grande quantité d'eau chaude dans une marmite, puis la saler. Laver le chou frisé, l'émincer en fines lamelles et laisser cuire dans l'eau bouillante pendant 10 min. Bien les égoutter et laisser en attente sur un torchon.
2. Pendant ce temps nettoyer les ailes de raie, en retirer la peau (ou bien demander au poissonnier de les préparer).
3. Beurrer un plat allant au four et y ranger les échalotes et le persil, ensuite arranger les lamelles de chou frisé et les ailes de raie. Mouiller de vin blanc et repartir 3/5 du beurre en morceaux.
4. Glisser au four chaud (230°, th. 7 ou 8) et laisser mijoter pendant 10 min.
5. Retirer du four, enlever 2–3 cuillerées à soupe du liquide, lier avec une quantité égale de crème fraîche, napper les ailes de raie, ajouter le beurre en morceaux, saler et poivrer. Continuer la cuisson au four pendant six ou sept minutes (230°, th. 7 ou 8).
6. Servir dans la terrine.
7. Accompagner de pommes de terre ou du pain blanc.

Fisch mit Zwiebeln

Zutaten

- 1,2 kg Fisch, am besten geeignet ist Stockfisch, es können aber auch 4 dicke Filets von Fisch mit festem Fleisch sein.
- 2 Zwiebeln, in feine Ringe geschnitten
- 6 EL Olivenöl
- 1,5 kg Grünkohl
- 1,2 kg Kartoffeln, fest kochende
- 300 ml trockener Weißwein
- Salz und Pfeffer
- Petersilie, gehackt
- Piri-Piri-Sauce (nach Belieben)

 ca. 45 Minuten

Zubereitung

1. Den Stockfisch in vier gleich große Stücke zerteilen und 48 Stunden in Wasser einweichen, bis er prall und völlig entsalzen ist. Dabei mehrmals das Wasser wechseln. Das Wasser abgießen, aber den Fisch nicht trocknen (eventuell die Haut abziehen). Frischen Fisch abspülen, leicht salzen und einige Stunden in einem Sieb liegen lassen, damit das Aroma sich entwickeln kann.
2. Den Backofen auf 180 °C vorheizen. Öl in einer großen Pfanne erhitzen, die Zwiebeln zugeben und 30 Minuten dünsten.
3. Den Kohl waschen und putzen. Vier große, schöne Blätter beiseite legen. Den restlichen Kohl grob zerkleinern und ebenfalls beiseite legen. Den dicken Stängel an der Basis der vier Blätter entfernen. Die Blätter mit einem breiten Messer flach drücken und die Fischstücke darin einwickeln. Die Päckchen auf ein Backblech legen und 20–30 Minuten im vorgeheizten Ofen backen, bis die Kohlblätter trocken und braun wie Tabakblätter sind. Inzwischen den Wein in einen Topf geben. Die Kartoffeln, geschält und in dicke Scheiben geschnitten hinzufügen und so viel Wasser zugießen, dass sie bedeckt sind. 10 Minuten garen, dann den Kohl zugeben. Einen gut schließenden Deckel auflegen (damit der Kohl im Dampf garen kann) und das Ganze garen, bis der Kohl weich ist. Die Kartoffeln und den Kohl mit einem Schaumlöffel aus dem Topf nehmen und in eine vorgewärmte Servierschüssel geben.
4. Den Sud mit den Zwiebeln in eine Pfanne rühren. Mit Salz und Pfeffer abschmecken. Den Sud einkochen lassen, bis eine dickliche Soße entsteht. Zum Servieren die Soße über die Kartoffeln und den Kohl gießen. Die Fischpäckchen öffnen und obenauf legen. Mit Petersilie bestreuen und nach Belieben einen Spritzer Piri-Piri-Sauce daraufgeben.

Portugal

Peixe com cebola, vinho branco e repolho

Ingredientes

- 1,2 kg de peixe, preferencialmente bacalhau, mas podem ser utilizados 4 filés grossos de peixe de carne firme.
- 2 cebolas, cortadas em anéis finos
- 6 colheres de azeite de oliva
- 1,5 kg repolho
- 1,2 kg de batatas firmes
- 300 ml de vinho branco
- Sal e pimenta
- Salsinha picada
- Molho piri-piri (a gosto)

 cerca de 45 minutos

Modo de fazer

1. Cortar o bacalhau em 4 pedaços grandes e deixar de molho por 48 horas até estar totalmente dessalgado. Trocar a água várias vezes. Jogar a água fora, mas não secar o peixe, retirar a pele. Salgar levemente e deixar marinar em uma peneira por algumas horas, para desenvolver o aroma.
2. Aquecer o forno a 180°. Levar uma frigideira grande ao fogo com o azeite, juntar a cebola e deixar cozinhar por 30 minutos.
3. Lavar e limpar o repolho. Separar 4 folhas grandes e bonitas. Picar grosseiramente o resto das folhas e reservar. Retirar o caule duro das 4 folhas reservadas. Alisar as folhas com uma faca e colocar um pedaço de peixe em cada uma. Fechar como pacotes. Colocar os pacotinhos em uma assadeira e levar ao forno aquecido por 20 a 30 minutos, até as folhas de repolho secarem e terem a aparência de folhas de tabaco. Colocar o vinho branco em uma panela, juntar as batatas descascadas e cortadas em fatias grossas. Cobrir com água, temperar com sal, cozinhar por 10 minutos e juntar o repolho picado. Tampar a panela e deixar cozinhar até o repolho ficar macio. Retirar a batata e o repolho com uma escumadeira e colocar em uma travessa de servir.
4. Colocar o caldo junto com as cebolas em uma frigideira. Temperar com sal e pimenta e deixar reduzir até se tornar um molho denso. Despejar este molho sobre as batatas e o repolho. Abrir os pacotinhos de peixe e colocar por cima de tudo. Salpicar com a salsinha picada e com gotas de molho Piri-Piri.

Grünkohl vegetarisch

Grünkohl mit Linsen

Zutaten

- 300 g Linsen
- 750 g Grünkohl
- 3 Peperoni
- 6 Knoblauchzehen
- 1,5 EL Ingwer gemahlen
- 1,5 TL Basilikum
- ¾ Tasse Öl
- 2 Zwiebeln, fein gehackt

 60 Minuten

 Der besondere Tipp des Grünkohl-Gourmet-Teams: Basilikumblätter zum Garnieren vorbereiten.

Zubereitung

1. Die Linsen verlesen, waschen und etwa 30 Minuten weich kochen.
2. Die Kohlblätter abstreifen, waschen, grob hacken und in wenig Salzwasser aufkochen. Abtropfen lassen, fein gehackt unter die Linsen mischen und passieren.
3. Die Peperoni halbieren und entkernen. Mit Knoblauch, Ingwer und Basilikum vermischen, ebenfalls passieren.
4. Öl erhitzen und die Zwiebeln darin leicht bräunen. Etwas Wasser sowie nach und nach die passierten Zutaten hinzugeben. Die Temperatur reduzieren und alles 15 Minuten schmoren.
5. Gelegentlich umrühren und mit Salz abschmecken.

Grünkohl-Ravioli

Zutaten
- 600 g Grühnkohlblätter
- 1 Schalotte
- 400 g Mehl
- 200 g Hartweizengrieß
- 8 Eigelb
- 3 Eiweiß
- 100 g Parmesan
- Olivenöl, Salz, Pfeffer, Zucker, Knoblauch, grober Senf

 30 Minuten

Zubereitung
1. Für die Ravioli einen Nudelteig herstellen: Alle Zutaten wie Mehl, Eier, Hartweizengrieß und Olivenöl auf der Arbeitsfläche zu einem homogenen Teig verarbeiten, in Frischhaltefolie einschlagen und für eine Stunde in den Kühlschrank legen.
2. Für die Füllung 400 g Grünkohlblätter mit einer fein gewürfelten Schalotte in Olivenöl anschwitzen und mit Salz, Pfeffer, Zucker und grobem Senf abschmecken.
3. Danach den Nudelteig hauchdünn mit der Nudelmaschine ausrollen, mit der Grünkohlmasse füllen und gut verschließen. Danach die Ravioli in heißem Salzwasser kochen.
4. Wenn die Nudeln al dente sind, in einer Pfanne 200 g grob geschnittene Grünkohlblätter in etwas Olivenöl anschwitzen und mit einer Kelle vom Nudelwasser ablöschen. Die Ravioli in die Pfanne geben und den Fond mit Butter und Parmesan abrunden.
5. Tipp: Die Ravioli können auch eingefroren werden, einfach nach dem Füllen auf einem Backblech mit Backpapier für 4 Stunden einfrieren und danach in Plastikdosen umfüllen, gut verschlossen halten die Ravioli mindestens einen Monat.

Italien

Ravioli al cavolo verde

Ingredienti

- 600 g di cavolo verde
- 1 scalogne
- 400 g di farina
- 200 g di grana duro
- 8 tuorli
- 3 albumi
- 100 g di parmigiano
- olio d'oliva, sale, pepe, zucchero, aglio, senape di qualità crudo

 circa 30 minuti

Preparazione

1. Preparare un impasto per i ravioli. Lavorare farina, uova, grana duro e olio d'oliva sul tavolo fino a quando si ottiene un impasto omogeneo. Avvolgere in pellicola alimentare e tenere in frigorifero per circa un'ora.
2. Per il ripieno: Far soffriggere 400 g di cavolo verde e una scalogna tagliata a dadi fini in un po' d'olio oliva. Aggiungere sale, pepe, zucchero e il senape.
3. Stendere la pasta riempiere con il cavolo e chiudere per bene. Cuocere i ravioli al dente in acqua salata.
4. Far soffriggere in una padella con olio d'oliva il resto del cavolo verde, tagliato in pezzi grandi. Aggiungere un mestolo del acqua di cottura.
5. Aggiungere i ravioli e condire con burro e parmigiano.
6. Consiglio: I ravioli possono essere conservati surgelati. Surgelare dopo riempito sul un piatto di forno (non si capisce) per circa 4 ore. Mettere sul piatto un po' di carta da forno. Dopo mettere in un contenitore per surgelare e ben chiuso conservare per almeno un mese.

Grünkohl vegetarisch

Papas Arrugadas mit Grünkohlsoße

Zutaten

Soße
- 1½ Dose Tomatilos
- 5 Chilischoten (frisch, groß, grün, mild) – Sorte Poblano
- 2 Zwiebeln
- 4½ Maistortillas (frisch oder TK)
- 6 Zehen Knoblauch
- 200 g Grünkohl frisch
- 1,2 l Hühnerbrühe (vegetarisch: Gemüsebrühe)

Kartoffeln
- 2 kg Kartoffeln (klein)
- 400 g Meersalz

80 Minuten

Zubereitung

1. Grünkohl waschen, abtropfen lassen und die Blätter abstreifen.
2. Chilischoten im Backofen bei 250 °C braten, bis sich schwarze Blasen bilden. Etwas abkühlen lassen und schälen. Die Schoten halbieren, die Kerne und die Innenhaut entfernen und feinhacken.
3. Tomatilos abtropfen lassen. Mit gewürfelten Zwiebeln, enthäutetem Knoblauch, Maistortillas und dem vorbereiteten Grünkohl pürieren.
4. Das Püree mit der Hühnerbrühe mischen und ca. 60 Minuten köcheln lassen.
5. Kartoffeln gut waschen, dann mit 1,5 l Wasser und dem Meersalz ca. 30 Minuten garkochen. Wasser abgießen und auf heißer Herdplatte ausdampfen lassen, bis sich die Schale runzelt.
6. Die Soße mit Hühnerbrühe aufgießen.

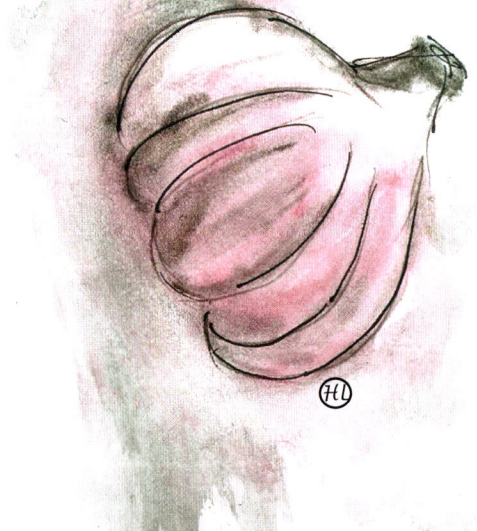

Spanien

Papas Arrugadas con Salsa de Col Verde

Ingredientes

Salsa
- 1½ Lata de Tomatillos
- 5 Chiles Poblanos grandes, frescos y de picor medianos
- 2 Cebollas frescas y sin cáscara
- 4½ Tortillas de maíz frescas o refrigeradas, dividir en pequeños pedazos
- 6 Dientes de ajo
- 200 g Col verde fresca
- 1200 ml Caldo de pollo (para vegetarianos puede ser caldo de verduras)

Papas
- 2 kg Papas (pequeñas)
- 400 g Sal de mar

80 Minutos

Preparación

1. Lavar la col verde, dejar escurrir y deshojar.
2. Asar los chiles poblanos en el horno a 250 grados hasta que se formen ampulas negras. Dejar reposar y pelar, retirar las semillas y todo el interior. Finalmente partirlos en pequeños pedazos.
3. Dejar escurrir los Tomatillos. Con todos los demás ingredientes sin el caldo de pollo mezclar y hacer un puré con la licuadora.
4. Mezclar el puré con el caldo de pollo alrededor de 60 min y dejar que hierva.
5. Lavar bien las papas, después cocer con 1,5 l. de agua y la sal aproximadamente 30 minutos hasta que estén bien cocidas. Tirar el agua y en una honilla caliente dejar que se arrugue la cascara.
6. En caso de que la salsa esté muy espeza, se puede agregar caldo de pollo o de verduras.

Grünkohl indisch

Zutaten
- 1 EL kaltgepresstes Olivenöl
- 3 Zehen Knoblauch
- 150 ml Gemüsebrühe
- 1/2 TL Kreuzkümmel (gemahlen)
- 1/4 TL Garam Masala (Gewürzmischung mit Nelken, Kardamom, Pfeffer, Zimt, Kreuzkümmel, Koriander)
- 1/4 TL Salz
- 1 TL Koriander (gemahlen)
- 1 kg Grünkohl
- 450 g Kichererbsen

25 Minuten

Der besondere Tipp des Grünkohl-Gourmet-Teams: Wer es lieber etwas süßer mag, kann etwas mehr Zimt dazutun.

Zubereitung
1. Grünkohl: Rippen entfernen und kleinhacken, gut waschen und etwas abtropfen lassen.
2. Olivenöl im Topf bei mittlerer Hitze erhitzen, dann feingehackte Knoblauchzehen dazugeben und ziehen lassen.
3. Grünkohl nach und nach in den Topf geben und garen.
4. Nach ca. 1 Minute alle anderen Zutaten und die Gemüsebrühe dazugeben und 10 Minuten bei mittlerer Hitze schmoren, dabei gelegentlich umrühren
5. Kichererbsen in kleines, kochendes Wasserbad (ca. 1 Tasse Wasser) geben und 3 Minuten ziehen lassen.
6. Zusammenfügen und 2 Minuten ziehen lassen.

Indien

भारतीय प्रकार की गोभी

आवश्यक सामग्री

1 बडा~चम्मच ज़ैतून तेल
लहसुन की 3 लौंग
150 मल सब्जी रसा
आधा चाय की चम्मच के आधे जीरा
1/4 चाय की चम्मच गरम मसाला
1/4 चाय की चम्मच नमक
चाय की चम्मच भू-धनिया
1 किलोग्राम करमसाग
450 ग्राम चिकपी

विधि

1. एक प्रकार की गोभी: अधजली दूर करना और छोटे-छोटे हैकिंग, यह अच्छी तरह धो और गिराना
2. ज़ैतून का तेल गर्मी में घट मध्यम गर्मी पर, फिर मिलाना बारीक कटे अनंतकाल और लहसुन की है-अरे! आप जाना
3. एक प्रकार की गोभी और उसके बाद के बाद तथा खाना पकाने के अंदर-बाहर
4. लगभग 1 मिनट बाद खान-पान और अन्य सभी जोड़ सब्जियां शेयर लगभग 1 मिनट बाद खान-पान और अन्य सभी जोड़ सब्जियां शेयर. 10 मिनट मध्यम गर्मी पर पकाने, सदमा पहुँचानेवाला कभी-कभार
5. चिडिया का बच्चा मटर उबलते पानी में छोटे स्नान - पानी के लगभग 1 कप - ३ मिनट पकाना
6. एक साथ मिलकर कार्य करना और 2 मिनट पकाना

समय:
25 मिनट

विशेष छोर पर प्रकार की गोभी-टीमों के बीच:
वे लोग जिन्होंने अपने कुछ मधुर को तरजीह, हो सकता बिट अतिरिक्त दालचीनी करना होगा ।

Curry und Grünkohl in verschiedenen Variationen

Curry und Grünkohl in verschiedenen Variationen – Landestypische Gerichte, Crossover, Fusion und experimentierfreudige Zauberküche

Die Eroberung der Genusswelt durch das Curry lässt sich – ohne gleich die Lehre von den Geschichtsepochen zu strapazieren – in drei Etappen einteilen:

Die Blätter des Currybaumes in Indien waren der rauchig-nussig-fruchtige Anfang. Die Blätter werden nur frisch verarbeitet. Daneben gab es in Indien diverse exotische Gewürzmischungen, die sogenannten Masalas, die in Europa als Curry-Pulver bekannt wurden, wobei die Mischungen von Koch zu Köchin verschieden sind. Das bei uns bekannteste Curry-Pulver ist eine britische Erfindung, um den Geschmack indischer Speisen annähernd zu imitieren. In fast jedem Curry-Pulver finden sich die typischen Gewürze des indischen Subkontinents wie Kreuzkümmel, Koriander, Nelken, Zimt, Kurkuma, ferner Pfeffer, Chili und manchmal auch Linsen.

In Deutschland war Curry jahrzehntelang nur bei ausgewählten Feinschmeckern bekannt, wurde ab 1950 aber schlagartig durch die Currywurst berühmt. Zum Kultgewürz in der feinen Küche wurde das Curry, als die 68er-Generation nach langer Askese genussvoll zu neuen kulinarischen Ufern aufbrach.

Was beim Weihnachtsgebäck die Wende vom »Roten Stern« zum Zimtstern war, vollzog sich vom klassischen Salz- und Pfefferstreuer zum Gewürztausendsassa Curry. In Peter Fischers Kochanleitung »Schlaraffenland – ein Neues Kochbuch für Gesellschaften, Kooperationen, Dichterkreise und andere Menschenversammlungen«, das 1975 im Wagenbach-Verlag erschien und zum schlichten Preis von 3,95 DM erworben werden konnte, wurde mit dem Curry-Rezept auf Seite 126 ein Grundstein für die heutigen Genüsse gelegt:

- 36 g Koriander
- 25 g Curcuma (gelber Ingwer)
- 25 g schwarzer Pfeffer
- 10 g Senfsamen
- 2,5 g Kümmel
- 2,5 g Zimtrinde
- 5 g Kardamon

Die Autoren dieses Kochbuches empfehlen »Curry handgemacht« nach diesem Rezept.

Das Curry ist meist Bestandteil größerer Gericht-Ensembles. In landestypischen Gerichten, der Crossover- und Fusion-Küche sowie der experimentierfreudigen Zauberküche ist das Curry eine beliebte Zutat.

Und nun kommt der Grünkohl ins Spiel. Auf den folgenden Seiten finden Sie einige Rezeptanregungen.

Grünkohl und Curry in verschiedenen Variationen

Thai-Curry mit Kartoffeln und Grünkohl (vegetarisch)

Zutaten
- 800 g festkochende Kartoffeln
- 1 Zwiebel
- 1 EL Rapsöl
- 2 TL selbstgemachtes Currypulver (oder als Fertigprodukt im Asia-Laden kaufen)
- 500 g Grünkohlblätter
- 1 Dose Kokosmilch (400 ml)
- Salz, Pfeffer

Zubereitung

Die Kartoffeln schälen und in kleine Würfel schneiden. Die Zwiebel ebenfalls fein würfeln. 1 EL Öl in einem Topf erhitzen und die Zwiebeln darin glasig dünsten. Kartoffeln zugeben und kurz mitbraten. Das Currypulver unterrühren, dann den in 10 Minuten aufgekochten Grünkohl dazugeben. Kokosmilch unterrühren und alles aufkochen. Zugedeckt ca. 15 Min. bei mittlerer Hitze ziehen lassen, bis die Kartoffeln gar sind, dabei ab und zu umrühren. Mit etwas Salz und Pfeffer abschmecken.

»Grünkohl-Curry« als Beilage für Rinder- oder Schweinefleisch, Geflügel oder Fisch

- 1,2 kg Grünkohl
- Salz
- 8 Zwiebeln
- 2 EL Olivenöl
- 5 TL selbstgemachtes Currypulver
- 150 g Rosinen
- 80 g Pinienkerne
- 750 ml Gemüsebrühe
- Pfeffer
- 2 Boskop Äpfel

Zubereitung

1. Grünkohlblätter von den Stielen zupfen, waschen und sehr gut abtropfen lassen. In kochendem Salzwasser 5 Minuten blanchieren, abgießen, abtropfen lassen und grob hacken.
2. Zwiebeln fein würfeln. Butterschmalz in einem Topf zerlassen, Zwiebeln glasig dünsten, Currypulver, Pinienkerne und Rosinen zugeben und kurz mitdünsten. Grünkohl zugeben und mit Gemüsebrühe auffüllen, salzen und pfeffern. Bei mittlerer Hitze zugedeckt 45 Minuten ziehen lassen.
3. Apfel schälen, vierteln und jeweils in das Curry reiben und ziehen lassen.

Noch ein Tipp: Dazu empfiehlt sich Reis. Wenn das Grünkohl-Curry nicht als Beilage gegessen werden soll, kann man noch Speck hinzugeben.

Grünkohl-Curry mit Schweinemedaillons

Ein Beispiel für die kreative Zauberküche ist das Rezept Grünkohl-Curry mit Schweinemedaillons. Dieses Rezept von Martin Effenberger und Helga Frohnert gewann den Ersten Preis beim Grünkohlrezept-Wettbewerb des Hamburger Abendblattes 2006.

Zutaten

- 1,3 kg Grünkohl
- Salz
- 150 g getr. Rote Linsen
- 120 g Sultaninen
- 900 g Schweinefilet
- 2 Zwiebeln
- 80 g Fett
- 3 EL mildes Currypulver
- 8 EL Mango-Chutney (aus dem Glas)
- 150 g Joghurt
- Pfeffer
- 2 TL Zucker
- 150 ml Instant-Hühnerbrühe
- 1,5 Zimtstangen (ca. 5 cm)

Zubereitung

1. Kohl waschen, dicke Blattrippen und Stiele entfernen, in Salzwasser 5 Minuten garen. Abgießen, Sud auffangen, Kohl ausdrücken und hacken. (Wenn es schnell gehen soll, kann man auch Kohl aus dem Glas oder der Dose nehmen.)
2. Linsen und Sultaninen abbrausen. Zwiebelwürfel in 20 g Fett andünsten, dann mit Curry bestäuben. Mit 400 ml Gemüsesud (oder Brühe) ablöschen. Linsen und Zimtstange dazugeben und 5 Minuten garen.
3. Kohl hinzufügen und weitere 20 Minuten garen. Zimtstange entfernen, Sultaninen, 2 EL Mango-Chutney (oder mehr) und Joghurt unterrühren und 1 Min. köcheln. Mit Salz, Pfeffer und Zucker abschmecken, dann warmhalten. Fleisch in ca. 3 cm dicke Scheiben schneiden, pfeffern und im restlichen Fett braten. Salzen und restliches Chutney in den Bratensatz rühren, dann mit Brühe ablöschen. Grünkohl, Fleisch und Soße zusammen servieren.

Dazu passt Weißwein oder auch ein Bier.

Die Grünkohlklassiker aus Norddeutschland

Oldenburger Gröönkohl mit Speck und Pinkel

Zutaten

- 1½ kg Grünkohl
- 2-3 EL Schmalz
- 4-6 Kochwürste
- 4-6 Pinkelwürste
- 250 g geräucherter Speck
- 4 Scheiben Kasseler
- 1 TL Salz
- 1 TL gestoßener Pfeffer
- 4 EL feingehackte Zwiebeln
- 1 Prise Zucker
- 3 EL Hafergrütze
- Fleischbrühe

Zubereitung

Am besten schmeckt der Grünkohl, wenn er schon Frost bekommen hat. Man löst dann die Blätter von den Rippen ab, wäscht ihn gründlich, lässt ihn abtropfen und überbrüht den Grünkohl mit kochendem Wasser. Danach wird er grob gehackt. Die Zwiebeln werden in dem heißen Schmalz angedünstet und dann kommen schichtweise Grünkohl, Hafergrütze und die Gewürze dazu. Wenn notwendig, etwas Brühe dazugeben. Das Ganze 10 Minuten kochen lassen, dann gut durchschütteln, Kasseler und Speck zum Kohl geben und diesen fest zugedeckt 2–3 Stunden sanft schmoren lassen. Die Pinkelwürste und die Kochwürste werden erst in der letzten Stunde dazugegeben. Ist der Grünkohl gar, werden das Fleisch und die Würste herausgenommen, angerichtet und der Grünkohl noch einmal abgeschmeckt. Dazu werden Salzkartoffeln gereicht.

Die Grünkohlklassiker aus Norddeutschland

Bremer Braunkohl mit Pinkel

Zutaten

- 3 kg Braunkohl (0,5 kg ist der Richtwert Braunkohl für gute Esser)
- 1 kg Kartoffeln
- 40 g Schweineschmalz
- Piment
- Salz
- Pfeffer, gemahlen
- 6 Kohlwürste
- 7 Pinkelwürste
- 5 Zwiebeln
- 800 g Schweinespeck
- 800 g Kassler
- 40 g Hafergrütze
- 2 Zehen Knoblauch

 40 Minuten Vorbereitung plus Kochzeit

 Der besondere Tipp des Grünkohl-Gourmet-Teams: 2 ausgedrückte Knoblauchzehen dazugeben. Dadurch erhält der Braunkohl eine besondere Note.

Zubereitung

Braunkohl

1. Kohl putzen, waschen, abtropfen lassen.
2. In einem großen Topf das Schweineschmalz erhitzen. Die Zwiebeln schälen, kleinhacken und im Schmalz dünsten.
3. Etwas Wasser hinzugeben und den Braunkohl in 4 Etappen hinzugeben und jeweils einkochen.
4. Hafergrütze in heißem Wasser aufquellen lassen und dem Kohl hinzufügen. Eine Pinkelwurst enthäuten und mit dem Braunkohl garen.
5. Den durchwachsenen Schweinespeck in den Topf geben.
6. Den Braunkohl ca. 2 Stunden bei mittlerer Hitze köcheln. Eine Messerspitze Piment dazugeben.
7. Ca. 1 Stunde vor dem Servieren die Würste und den Kassler in den Topf auf den Kohl geben und bei geschlossenem Topf garen.

Kartoffeln

Kartoffeln wahlweise als Bratkartoffeln mit Speck und Zwiebeln, Kochkartoffeln oder karamellisierte (Brat-)Kartoffeln zubereiten und zum deftigen Kohlessen servieren.

Breemsch Bruunkohl

Wat hört da to?

- 3 kg Bruunkohl
- 1 kg Kantüffels
- 40 g Swiensmolt
- Solt
- Peper
- 6 Kohlwust
- 7 Pinkelwust
- 5 Zippeln
- 200 g Swiespeck
- 800 g Kassler
- 40 g Havergrütt
- 2 Tön Knuuflook

 40 Minuten för dat Torechtmaken, 3 Stunnen Kaktied.

 De besünners Tipp ut de Köck: Zwee utqueschte Knuuflooktön todoon. Dodörch ward de Bruunkohl gaanz besünners aromatisch.
Nich vergeeten: För dat Fleesch ünd de Wust kümmt Semp dorto.

Wi ward dat kaakt?

Bruunkohl

1. För dat Kaken vun dan'n Kohl bruukt een bannig got Pott. Dor kummt dat Smolt rin. To dat Smolt de in lüttje Stücken sneden Zibbeln. Jümmers röhren bit de Zibbeln dörsichtig sünd.
2. Dann kümmt de tweemol waschen Bruunkohl in lüttje Etappen rin, de dörvör mit een scharp Mess lütt sneden sünd. Denn kümmt das Water rin, damit nix anbrennt.
3. De Havergrütt in springkaken Water upquellen laten ünd to dan'n Bruunkohl todoon. De maakt dan'n Kohl sämig ünd let him beten na Nött smecken.
4. Ein Pinkelwust avpellen ünd mit den kaken Bruunkohl goorn.
5. Dat dato l lekker smekt, kümmt lütt mahlen Peper, Solt rin und good röken dörchwossen Swiespeck rin. Allens good röhren.
6. Dan'n Bruunkohl lieckers 2 Stunnen op lüttje Hitt kaken. Een Kniefspitz »Wünnerpeper« (Piment) todoon.
7. Een Stünn vör'n Eten des Wust und dat Kassler op dann Kohl lengen ünd be slaaten Kuckpott goorn.

Kantüffel
Kantüffel künnt as Braadkantüffel, Kakkantüffel or as karameleseerte (Braad-) Kantüffeln updischt warn.

Grünkohlvarianten aus den norddeutschen Ländern

Der berühmte Bremer Braunkohl mit Pinkel und der Oldenburger Kohl, der seine Heimat in der deutschen Grünkohlhauptstadt – im Jargon Kohltour-Hauptstadt – Oldenburg (Oldb.) hat, sind natürlich schon durch ein eigenes Rezept gewürdigt.

Die Küche in den norddeutschen Ländern hält für den Grünkohlfreund noch weitere Leckerbissen bereit:

Hamburger Grünkohl

Auch in **Hamburg und im Hamburger Umland** gibt es den klassischen Grünkohl als ein deftiges Winteressen, das durch die Mettenden oder Brägenwurst und Kassler Nacken besonders herzhaft schmeckt.

Die Blätter vom Grünkohl von den dickeren Mittelstrünken abzupfen, in kaltem Wasser gründlich waschen und abtropfen lassen. In einem großen Suppentopf reichlich Wasser aufkochen und den Grünkohl darin portionsweise einige Minuten blanchieren, bis er zusammenfällt. Den Grünkohl mit einer Schaumkelle aus dem Wasser heben und abtropfen lassen. Nach der letzten Portion Grünkohl das Kochwasser wegschütten und Schweineschmalz im Suppentopf auslassen. Eine Zwiebel pellen, in feine Würfel schneiden und im heißen Schmalz glasig dünsten. Den Grünkohl dazugeben, gut durchmischen und Gemüsebrühe angießen. Anschließend nach Bedarf noch mit Salz nachwürzen. Die Mettenden bzw. die Brägenwürste auf den Grünkohl legen und den Suppentopf mit einem Deckel verschließen. Hamburger Grünkohl auf mittlerer Temperatur ca. 45 Minuten schmoren. Die Scheiben vom Kassler Nacken mit dem Grünkohl mischen, so dass sie bedeckt sind, und weitere 15 Minuten schmoren lassen. Die Mettenden bzw. Brägenwurst und den Kassler Nacken kurz vor dem Servieren aus dem Grünkohl heben. Hamburger Grünkohl wird mit Kartoffeln serviert.

Brooken Sööt

Mit dem ersten Herbstfrost beginnt auch in **Schleswig-Holstein** traditionell die Grünkohlzeit. Nach landestypischer Art wird der Grünkohl meist deftig-süß zubereitet.

Zusammen mit Kochwurst, Kasseler und Schweinebacke wird das winterliche Gemüse so lange geschmort, bis es ein kräftiges Fleischaroma annimmt. Wie bei den anderen Rezepten Grünkohl mit dem Kasseler oder dem Speck rund anderthalb Stunden in Salzwasser kochen. Nach etwa einer Stunde Haferflocken hinzugeben. Abschließend den Grünkohl mit Salz und Zucker abschmecken und mit Salzkartoffeln oder kleinen, süßen Kartoffeln servieren.

Zusätzlich darf der Zuckerstreuer nicht auf dem Tisch fehlen, denn für viele Schleswig-Holsteiner gehört auf den deftig-würzigen Grünkohl eine ordentliche Portion Zucker.

Mecklenburgischer Grünkohl

Die **Mecklenburg-Vorpommersche** Küche gilt generell als sehr bodenständig und deftig. Natürlich gibt's auch den »Grönen Kohl met Tüften«! Doch keine Angst: Es bleibt nicht bei Kohl und Kartoffeln. Dazu gibt es Würste, Kassler und Bauchfleisch. Die Regionalküche hat auch eine Besonderheit parat:

> In den nach der klassischen Rezeptur vorbereiteten und anschließend vor sich hinkochenden Kohl werden 20 Minuten vor Beendigung des Kochens 200 g Rosinen gegeben. Dies gibt eine süßliche Geschmacksrichtung. Die Kartoffeln werden als Salzkartoffeln, deftige Bratkartoffeln oder auch in der süßen Variante serviert.

Jo, bi us in Norddütschland sind wi all' Leckersnuten, wi mögt dat ollig seut.

Die Grünkohlklassiker aus Norddeutschland

Der Grünkohlteller mit Sirupkartoffeln, kreiert von DDR-Fernsehkoch Kurt Drummer

Grünkohl, vielfach auch Kraus-, Herz- Welsch- oder Savoyerkohl genannt, war auch in der DDR sehr beliebt und wurde natürlich auch von Kurt Drummer, dem DDR-Starkoch, in verschiedenen Varianten im Kochstudio im Fernsehen vorgestellt.

Zutaten

Grünkohl
- 6 Zwiebeln
- ¾ l Fleischbrühe
- 3 Packungen TK-Grünkohl (à 600 g)
- 700 g Schweinebauch
- 700 g Kasseler
- 6 kleine Kochwürste (Mettwürste)

Bratkartoffeln mit Sirup
- 1,5 kg Kartoffeln
- Salz nach Geschmack
- 2 EL Kümmel
- 60 g Butter
- 3 EL dunkler Sirup

 Vorbereitung 20 Minuten, Kochen 90 Minuten.

 Der besondere Tipp des Grünkohl-Gourmet-Teams: Eine Prise Muskat rundet den Geschmack ab.

Zubereitung

1. Zwiebeln schälen, würfeln und 15 Minuten im Topf mit Fleischbrühe dünsten.
2. Aufgetauten Grünkohl und Schweinebauch zufügen und 90 Minuten kochen. Nach ca. 45 Minuten Kasseler zugeben, nach 20 Minuten Würste einlegen und mitkochen. Mit Salz und Pfeffer abschmecken.
3. Kartoffeln mit Salz und Kümmel garen, schälen, in Scheiben schneiden und in Butter braten. Zum Schluss Sirup darüberlaufen lassen. Kartoffeln mehrfach wenden.

Zu einem Grünkohl-essen gehören Kartoffeln!

Wie die Kartoffel nach Deutschland kam

Bei der Kartoffel handelt es sich, wie bei dem eigentlichen Hauptdarsteller dieses Buches auch, um eine Migrantin. Ihren Ursprung hat die Kartoffel in den Anden, einer südamerikanischen Bergregion. Den Weg nach Europa fand die Kartoffel wahrscheinlich über die Kanarischen Inseln um das Jahr 1570.

In Deutschland war sie in der zweiten Hälfte des 18. Jahrhunderts als Zierpflanze in botanischen Gärten zu finden. Die Liebe der Deutschen war, milde gesagt, nicht besonders groß. Erst Friedrich der Große brachte – durch einen legendären Trick – den Deutschen eines ihrer liebsten Gemüse nahe. Er ließ dazu Kartoffelfelder anlegen und diese, wenn auch nur sehr halbherzig, durch Soldaten bewachen. Die Bauern dachten, dass es sich um eine ganz besondere Frucht handeln muss und stahlen die Kartoffeln von den Feldern. Ein schönes Beispiel für die Integration von Migranten infolge der Wertschätzung durch die Obrigkeit.

Eine kleine Kartoffelkunde für die beliebtesten Beilagen zum Grünkohl

Als beliebteste Beilagen zum Grünkohl sind vor allem die Salzkartoffel, die Bratkartoffel und die süßen karamellisierten Kartoffeln zu Tage getreten.

Bei Kartoffeln unterscheidet man in folgende drei Kategorien:

- festkochend:
  Diese Kartoffeln sind in ihrer Konsistenz fest, feinkörnig und feucht. In ihren Kocheigenschaften zeichnen sie sich dadurch aus, dass sie während des Garens nicht aufplatzen. Geschmacklich bieten festkochende Kartoffeln die gesamte Bandbreite, die Kartoffeln bieten können: von mild bis angenehm kräftig. Besonders eigenen sich festkochende Kartoffeln für unseren Beilagenfavoriten, die Bratkartoffeln.
  Empfehlenswerte Sorten: Siglinde, Nicola, Linda.

- vorwiegend festkochend:
  Vorwiegend festkochende Kartoffeln sind in der Konsistenz feinkörnig und mäßig feucht. Die Kocheigenschaften sind ein geringes Aufspringen. Auch diese Sorten bieten geschmacklich die gesamte Bandbreite des Kartoffelgenusses. Besonders eignen sich vorwiegend festkochende Kartoffeln für unsere Beilagenfavoriten Salzkartoffeln und süße Kartoffeln. Aber auch für Suppen ist diese Gattung prädestiniert.
  Empfehlenswerte Sorten: Laura, Saskia, Bamberger Hörnchen.

- mehlig kochende Kartoffeln:
  In ihrer Konsistenz sind mehlig kochende Kartoffeln grobkörnig und trocken. Beim Kochen springen diese Kartoffeln häufig auf. Im Geschmack sind sie angenehm kräftig. Je nach eigenem Geschmack sind diese Kartoffeln auch besonders für Salzkartoffeln geeignet. Durch ihre trockene Konsistenz saugen sie besonders viel Flüssigkeit auf, sodass sich der Grünkohlsud besonders gut mit einer zerquetschten Kartoffel aufnehmen lässt. Weiter eigenen sich mehlig kochende Kartoffeln für Eintöpfe und Kartoffelpüree.
  Empfehlenswerte Sorten: Bintje, Augusta, Melody

Die Lagerung der Kartoffeln

Falls kein konstant kalter Keller vorhanden ist, was bei den heutigen Energiepreisen immer häufiger der Fall ist, raten wir Kartoffeln immer frisch einzukaufen und nicht länger als 14 Tage zu lagern. Ein Ort mit der optimalen Einlagerungstemperatur von vier bis sechs Grad wird sich in den meisten städtischen Häusern kaum noch finden lassen. Bei einer Temperatur von unter vier Grad wandelt sich die Stärke der Kartoffel in Zucker um. Sie wird dann unangenehm süß. Wenn ein richtig schönes Kohlessen vorbereitet wird, darf nicht an den Kartoffeln gespart werden. Kartoffel auf dem Wochenmarkt kaufen und sich beraten lassen. Nicht umsonst gab und gibt es vielleicht noch heute den Spruch beim Sonntagsessen: »Nehmt ihr mal das Fleisch, ich halte mich an die Kartoffeln mit Soße.«

Jetzt kommen die Rezepte!

Das Grundrezept zum Kartoffelkochen

Kartoffel mit Schale in einen Topf geben und mit Wasser soweit auffüllen, dass die Kartoffeln ganz knapp bedeckt sind. Es macht gar nichts, wenn noch einige Kartoffeln über dem Wasserstand liegen. Wichtig ist, dass die Kartoffeln niemals in kochendes Wasser gegeben werden, weil sie sonst schnell schleimig werden. In das Kochwasser viel Salz geben, so dass das Kochwasser wirklich salzig schmeckt. Den Topf auf den Herd stellen und das Wasser mit Deckel zum Kochen bringen. Wenn das Wasser kocht, den Deckel etwas zur Seite schieben und die Kartoffeln je nach Größe garkochen. Eine genaue Zeitangabe können wir Ihnen leider nicht mitliefern, weil es immer auf die Größe der Kartoffeln ankommt. Ob die Kartoffeln gar sind, kann am besten mit einem Messer geprüft werden: Wenn das Messer leicht durch die Kartoffeln geht, sind sie fertig. Zum Prüfen aber nicht das besonders scharfe Küchenmesser nehmen, denn dies wird auch durch eine noch rohe Kartoffel leicht gleiten. Hier ist Scharf und Spitz nicht immer Trumpf.

Salzkartoffeln

Je nachdem, auf welches Rezept die Wahl gefallen ist, sollte die Kartoffelsorte ausgewählt werden. Wir empfehlen für ein klassisches Bremer Kohlessen jedoch eine mehlig kochende Sorte auszuwählen, da diese besonders viel Flüssigkeit aufnehmen kann.

Die Kartoffeln werden nun nach unserem Kartoffel-Grundrezept gekocht, jedoch mit der Variation, dass die Kartoffeln erst geschält werden müssen. Je nach Größe der Sorte sollten die Kartoffeln auch noch halbiert werden. Sie sollten ungefähr die Größe eines Eies haben.

Auch bei Salzkartoffeln ist es wichtig, ausreichend Salz in das Kochwasser zu geben – und keine Angst, es bewahrheitet sich immer wieder: Kartoffeln fressen Salz.

Bratkartoffeln

Zutaten
- 1,5 kg festkochende Kartoffeln
- 125 g Schinken- oder Speckwürfel
- 1 große Zwiebel
- Salz, Pfeffer

Zubereitung

1. Die Kartoffeln nach unserem Kartoffel-Grundrezept kochen, die Kartoffeln jedoch nicht ganz gar kochen lassen. In der Zwischenzeit die Zwiebeln in Würfel schneiden und die Schinken- bzw. Speckwürfel in einer Pfanne ausbraten. Wenn die Schinkenwürfel fast fertig sind, die Zwiebelwürfel hinzufügen und die Hitze reduzieren. Die Zwiebeln schön glasig werden lassen. In der Zwischenzeit die noch warmen Kartoffeln abpellen und in Scheiben schneiden.
2. Die fertige Zwiebel-Schinken-Mischung aus der Pfanne auf ein Küchenpapier geben und so das ausgebratene Fett aufnehmen. Nun Pflanzenöl in die Pfanne geben und dieses erhitzen. Die geschnittenen Kartoffeln in die Pfanne geben und schön goldgelb braten.
3. Die Zwiebel-Schinken-Mischung kurz zu den Kartoffeln geben und nochmals alles gut erhitzen. Mit Salz und Pfeffer abschmecken.

👍 **Tipps**
Das ausgebratene Fett des Specks sollte nicht zum Braten der Kartoffeln verwendet werden. Vor allem Schweinefett liegt besonders schwer im Magen und ist schlecht zu verdauen. Wir empfehlen Ihnen daher, die Kartoffeln in einem guten Bio-Rapsöl auszubacken. Wundern Sie sich nicht, wenn das Öl im ersten Moment ein wenig komisch riecht, der Geschmack wird Sie entschädigen.

Die Kartoffeln unbedingt erst würzen, nachdem Sie die Zwiebel-Speck-Mischung wieder hinzugegeben haben, der Speck bringt schon einiges an Salz mit. Und auch, wenn es schon Hunderte von Malen gesagt wurde: Pfeffer immer frisch aus der Mühle. Sein einzigartiges Aroma behält der frisch gemahlene Pfeffer nur, wenn er im letzten Moment zu den Bratkartoffeln gegeben wird, sonst wird er einfach nur scharf.

Karamellisierte Kartoffeln

Die festkochenden Kartoffeln nach unserem Grundrezept kochen. Wir empfehlen eine kleine Sorte in der Sortierung Drillinge. Die noch warmen Kartoffeln abpellen, das erleichtert Ihnen die Arbeit ungemein. Schweineschmalz in eine Pfanne geben und die Kartoffeln gut bräunen lassen. Falls nötig, noch Schmalz nachgeben. Nun nach und nach Zucker zu den Kartoffeln dazugeben, bis diese von einer Karamellschicht umhüllt sind. Darauf achten, dass nach Zugabe des Zuckers die Temperatur nicht mehr zu hoch ist, da der Zucker sonst leicht verbrennt.

50 Grünkohlgerichte aus 27 Ländern

Eine kleine Wurstkunde

Eine kleine Wurstkunde

Zu den deftigen Grünkohlgerichten gibt es natürlich Würste. Hier eine kleine Wurstkunde für die Praxis.

Bremer Pinkel

Die Bremer Pinkel ist der bremische Klassiker zum Grünkohl. Die Hauptbestandteile sind Flomen – das ist der Bauchspeck vom Schwein –, Hafergrütze, Zwiebeln und Gewürze. Ihre Konsistenz ist weich und wird Ihnen auf der Zunge zergehen, was nicht unerheblich an dem großen Fettanteil liegt.

Hier das Rezept zum Selbermachen in knapp 40 Minuten:

Zutaten
- 500 g Flomen
- 500 g Hafergrütze
- 500 g Zwiebeln
- Salz
- Pfeffer
- Piment
- Pinkeldarm

Zubereitung

1. Da Flomen und Pinkeldarm nicht einfach zu bekommen sind, müssen diese beim Schlachter vorbestellt werden.
2. Die Grütze mit Wasser in einen Topf geben und mit ein wenig Salz fast gar ziehen lassen. Wir empfehlen dies, da der hohe Fettgehalt das Durchgaren der Grütze erheblich verlangsamt. In der Zwischenzeit den Flomen von den gröbsten Zwischenhäuten befreien und durch einen Fleischwolf geben, wobei sich eine besonders feine Scheibe empfiehlt.
3. Die Zwiebel in sehr feine Würfel schneiden und mit dem durchgedrehten Flomen in eine Schüssel geben. Die abgekühlte Grütze hinzugeben und mit Salz, Pfeffer und Piment würzen. Wer die Masse nicht roh abschmecken mag, kann einen kleinen Teil in einer Pfanne anbraten. Zwar verfremdet das Braten den Geschmack ein wenig, aber Abschmecken bleibt unersetzlich.
4. Die Masse mit dem Wurstaufsatz ihres Fleischwolfes in den Pinkeldarm füllen. Die Masse nicht zu fest einfüllen, sonst könnte der Darm beim Kochen platzen. Je nach eigenem Geschmack kleine Würste abdrehen. Die einzelnen Würste auf keinen Fall voneinander trennen, sonst läuft der ganze Inhalt während des Kochens heraus. Die Enden der Wurstkette gut verknoten und die Würstchenkette in einen mit gesalzenem Wasser gefüllten Topf geben. Die Würstchen ca. 60 Minuten garen lassen.

Oldenburger Pinkel

Die Oldenburger Pinkel ist die nordwestliche Schwester der Bremer Pinkel. In der Rezeptur ähneln sich beide, jedoch wird der Oldenburger Pinkel noch Fleisch beigegeben, so dass sie in der Konsistenz eher fester ist.

Mettwurst

Bei der Mettwurst handelt es sich um eine Rohwurst, die sich in einer ungeahnten Vielfalt durch dieses Buch zieht. Die Mettwurst besteht vor allem aus Schweinefleisch und -speck. Die Mettwurst wird entweder durch die Trocknung an der Luft oder durch

Räuchern haltbar gemacht.

Die für die Rezepte in diesem Kochbuch genutzten Arten von Mettwurst sind:
- **Die Mettenden.** Das ist eine kleinere und leicht geräucherte Variante der Mettwurst. Wenn nicht zum Kohl mitgegessen, werden Mettenden auch gerne in Eintöpfen verwendet.
- **Die Brägenwurst.** Sie ist eine in ihrer Form unterschiedlich vorkommende Art der Mettwurst. Die Besonderheit der Brägenwurst ist, dass der Wurstmasse ein Teil Schweinehirn beigegeben wird. Besonders in Norddeutschland eine besondere Spezialität zum Grünkohl.
- **Die Lungenwurst.** Sie ist eine nordostdeutsche und dänische Wurstspezialität. Der Wurstmasse wird ein großer Teil Lunge zugegeben und kräftig gewürzt. Die in einen Darm gefüllte Wurstmasse wird bis zu zwei Wochen geräuchert. Besonders in Dänemark wird sie auch gerne zu Silvester gegessen.
- **Die Salami.** Diese Wurst, die in den unterschiedlichsten Variationen in diesem Kochbuch Anwendung findet, hat viele länderspezifische Facetten. Am bekanntesten ist die italienische Salami. Aber auch die ungarische Paprikasalami und die aus Brasilien stammende Salama finden Sie in unseren Rezepten. Gemeinsam haben sie, dass sie zum überragenden Teil luftgetrocknet werden, Unterschiede finden sich in den Gewürzen und in der Trocknungszeit.
- **Die Chorizo.** Das ist eine spanische Paprikawurst, die mit der Salami verwandt ist. Hauptsächlich besteht die Chorizo aus Schweinefleisch und -speck. Diese Rohwurst wird mit viel Paprika und einigem Knoblauch gewürzt, wobei regional noch weitere Gewürze hinzukommen. Die rohe Wurst wird ca. vier bis sechs Wochen getrocknet und erhält durch Fermentation einen leicht säuerlichen Geschmack, der wunderbar zu ihrer Schärfe passt.

Fleischwurst

Bei der Fleischwurst handelt es sich um eine Brühwurst, die durch die Beigabe von Pökelsalzen ihre Fleischfärbung behält. Die Wurstmasse wird sehr fein zerkleinert (gekuttert) und dann in Därme der verschiedensten Arten eingefüllt und dann gebrüht. Je nach Sorte wird die gegarte Wurst noch geräuchert.

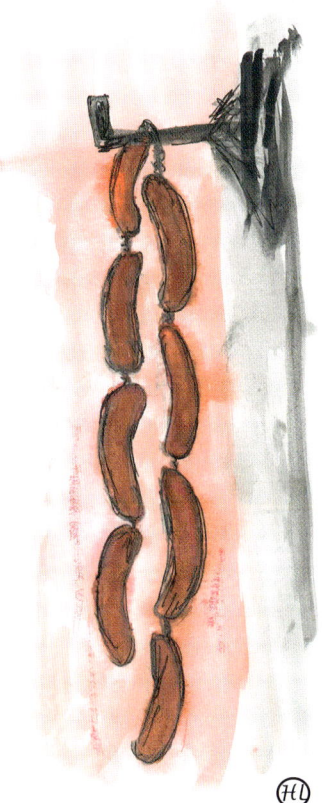

Krakauer

In unserem Buch findet die polnische Variante der Krakauer Verwendung. Nicht zu verwechseln mit der in weiten Teilen Deutschland verbreiteten Bratwurst mit gleichem Namen. Bei der Krakauer handelt es sich um Trocken- oder Räucherwurst. In der polnischen Krakauer ist die vorwiegend aus Schweinefleisch bestehende Wurstmasse auch immer mit Rindfleisch vermengt.

Amerika entdeckt den Grünkohl

Die New York Times – eher als staubtrockenes Informationsmedium bekannt – geriet im Frühjahr 2015 geradezu in Verzückung: »Forget Filet Mignon and Caviar!« Das angesagteste Tagesgericht in der Weltmetropole ist ein bescheidener Grünkohlsalat. Restaurants gelten als cool, wenn eine Grünkohl-Salatkreation auf der Karte steht. Da kann Hollywood nicht zurückstehen, Stars und Sternchen sind natürlich auch im kulinarischen Hype. Grünkohl wird somit zum Superhelden, er gilt als das gesündeste Gemüse überhaupt. Vitamine, Nährstoffe, Kalzium und Folsäure. Kale wird zum Trendgemüse.

Salat, Kale-Chips und grüne Smoothies werden selbst gemacht! Die Plastikverpackung aus dem Supermarkt ist Vergangenheit. Wer im Trend und cool sein und so gesund leben will, der gibt auch gerne die notwendigen Dollars beim Einkauf auf dem Gemüsemarkt aus und schafft sich mit einem Smothiemaker (mindestens 26 – 27 Umdrehungen/Min.) und der mehrlagigen kale-drying.machine die entsprechende Küchenausstattung an. Natürlich darf die kale-cutting-machine, für die man schon mal ca. 3000 $ auf den Tisch des Händlers für den gehobenen Küchenbedarf legen muss, nicht fehlen.

Damit die internationalen Kohlgenießer nicht ohne die von den amerikanischen Gesundheitskulinarikern kreierten Rezepte leben müssen, nehmen wir diesen Pfad natürlich auf und bieten ein Grundrezept für Salate, Chips und verschiedene Smoothierezepte an, die dann variiert werden können.

Kale-Salat

Zubereitung

1. Den Grünkohl waschen und die Mittelrippen herausschneiden. Dabei bleiben nur noch etwa 250g Grünkohl übrig.
2. Den Kohl zusammenrollen oder fest zusammendrücken und so fein wie möglich schneiden. In eine große Schüssel geben und mit Essig, Zitronensaft, Öl und Salz vermengen. Der anfangs feste Kohl wird durch Essig und Zitrone weicher und fällt mit der Zeit zusammen.
3. Der Kohl sollte mindestens drei Stunden ziehen, öfter durchrühren. Eine Nacht im Kühlschrank ziehen lassen.
4. Kurz vor dem Servieren die Senfkörner und den fein geschnittenen Knoblauch in Öl in der Pfanne anrösten. Man kann die Senfkörner vorher im Mörser ein wenig zerstoßen. Mit dem Salat vermengen.
5. Die Senfkörner sind nicht unbedingt nötig, der angebratene Knoblauch sollte aber sein. Anstelle der Senfkörner können auch gehackte Kürbis- oder Sonnenblumenkerne genommen werden.
6. Nach dem Anrichten Parmesan darüber streuen.

Zutaten

- 400 g Grünkohl
- 2 EL Apfelessig oder Weinessig
- 1 EL Zitronensaft
- 2 EL Olivenöl
- 1 TL, gestr. Salz
- 3 EL Senfkörner
- 1 Knoblauchzehe(n)
- etwas Parmesan, gerieben

Grünkohl-Smoothie mit Ananas

Zutaten
- 2 Tassen Grünkohl, kleingehackt
- 2 Äpfel (entkernt, geschält und geviertelt)
- 1 Tasse Ananas, gewürfelt
- 1,5 Tassen Wasser

Dieser nähr- und ballaststoffreiche Grünkohl-Smoothie ergibt ein ausgezeichnetes Frühstück und ist, weil das Obst den gewöhnungsbedürftigen Kohlgeschmack maskiert, selbst für Leute die keinen Grünkohl mögen geeignet. Alle Zutaten in den Smoothiemaker geben und bis zu einer sanften, glatten Masse pürieren.

Tropischer Grünkohl-Smoothie

Zutaten
- 1/2 Grapefruit, geschält und ohne Samen
- 1 Kiwi, geschält
- 1 reife Banane, geschält
- 2 Tassen Grünkohl, kleingehackt
- 2 Tassen Baby-Spinat
- 250ml Kokosmilch, ungesüßt

Ein sehr eigenwillig schmeckendes Smoothie-Rezept, möglicherweise nicht für jeden geeignet. Sein Geschmack ist leicht bitter, etwas aufgelockert durch das süße Obst und die Kokosmilch. Wem sein Geschmack zu bitter ist, kann noch etwas Ananassaft hinzufügen. Zutaten in den Smoothiemaker geben und vollständig pürieren.

Kale-Chips

Zutaten
- 1 Bund Grünkohl
- 1 Paprikaschote
- 1 Cup eingeweichte Walnüsse
- 1/2 Cup Nährhefe
- 1/4 Cup Ahornsirup
- 2 Esslöffel Zitronensaft
- 1/2 Esslöffel Salz
- 1/2 Esslöffel Cayennepfeffer

(Ein Cup entspricht etwa einem großen Kaffeebecher für etwa 230 ml Inhalt)

Zubereitung
1. Die Walnüsse über Nacht ins Wasserbad einweichen und absieben
2. Nüsse und alle anderen Zutaten – bis auf den Grünkohl – in einem Mixer zu einer Masse verarbeiten
3. Grünkohlstiele entfernen, Blätter waschen und in eine Schüssel legen
4. Die Mischung dazugeben und die Grünkohlblätter damit einreiben
5. Blätter auf einem Backblech mit Backpapier verteilen und im Ofen bei 80-100 Grad knusprig backen
6. Alternativ: in der kale-drying-machine dörren. Das ist dann echt amerikanisch.

Grünkohl und Wein – eine nicht alltägliche Verführung

Neue kulinarische Ufer erreicht man mit dem Mut zum Ungewöhnlichen. Wer sich immer nur stur ans herkömmliche Regelwerk hält, vergibt sich viele Geschmackserlebnisse. Bei jenen Weinliebhabern, die einen guten Wein nicht bloß als Meditationsobjekt betrachten, gesellt sich zur Feinschmeckerei eine erfreuliche Liberalität, die beherzt wider konservative Auffassungen verstößt. So ist es auch bei der diffizilen Frage, ob es zwischen Grünkohl und Wein überhaupt eine vinokulinarische Wahlverwandtschaft geben könne.

Bei dem norddeutschen Klassiker Grünkohl mit Pinkel sind sich dabei selbst erfahrene Weinexperten unschlüssig. Der süßlich-herbe Geschmack des Kohls, dem die deftigen Einlagen der geräucherten Grützwurst aus Hafer oder Gerste, Rindertalg, Schweineschmalz, Zwiebeln, Salz und Pfeffer erst ihre markante Würze verleihen, mag dem verwöhnten Gaumen nicht so recht zu einem edlen Tropfen passen. Aber da gibt es ja auch noch Brägewurst, Bauchfleisch, Kochwurst und Kasseler, die bei einem zünftigen Grünkohlessen ebenso würdige Beigaben abgeben können, blickt man in die Töpfe der norddeutschen oder westfälischen Regionalküche, dazu durch Salz oder Zucker verfeinerte Bratkartoffeln und Senf. Summa summarum kein leichtes Vergnügen, bei dem sich eingefleischte Traditionalisten unter den Grünkohlfans schon obligatorisch nach frisch gezapftem Pils und einem kühlen Weizenkorn sehnen, das klart den Magen auf und regeneriert die Lebensgeister. Zu dieser urdeutschen Schöpfung gegen alle Gepflogenheiten einen gepflegten Tropfen Wein zu reichen, grenzt der Volksseele nicht nur in den sakrosankten Grünkohlhochburgen Bremen und Oldenburg fast schon an Blasphemie.

»Probieren geht über Studieren«, lautet die Devise, denn eigentlich gibt es kaum eine Speise, zu der nicht grundsätzlich ein Wein passen würde, auch auf die Gefahr hin, von der geradezu bibelfesten norddeutschen Nationalkulinarik abzuweichen. Um es für die Weinfreunde gleich vorwegzunehmen: Die Königsrebe Riesling taugt nur bedingt zur deutschen Grünkohl-Klassik. Ihre subtile Balance zwischen Fruchtigkeit und bodenständiger Eleganz ist dem rustikalen Charme des Krautgemüses samt seiner mächtigen Beigaben nur selten gewachsen. Vorstellbar ist ein nicht zu säurebetonter, gereifter Riesling, der mit bis zu 13 Volumenprozent Alkohol noch kräftig genug sein sollte, dem deftigen Charakter des Gerichts Paroli zu bieten, wie etwa bei einer trockenen Spätlese von der Mosel oder aus der Pfalz.

Eine gelingende Alternative bieten Weine aus der Rebsorte Silvaner, die sich auch als Genusspartner von alltäglichen Gerichten und von solider Hausmannskost bestens bewähren. Dabei darf es durchaus ein Wein von opulenterer Statur sein, erdig, rustikal und vollmundig im Charakter. Eine typische trockene Spätlese aus dem Frankenland oder ein Gewächs aus Rheinhessen, wo man die Rebsorte mit einer Qualitätsoffensive unter dem Signum »RS« (Rheinhessen Silvaner) schon seit geraumer Zeit wieder zu neuen Ehren geführt hat. Die dezenten Aromen von frisch gemähter Wiese, Kräutern und Holunderfrucht vermählen sich hier prächtig mit Gemüse, Kasseler & Co.

Für den Weinkenner mag der Gedanke an einen fruchtigen Weiß- oder Grauburgunder am nächsten liegen, mit Bedacht im Barrique gereift und somit ohne allzu aufdringliche Holz- und Vanillenoten. Sehr gut eignen sich bei dieser Rebsorte Gewächse aus Baden (Ihringen), von der Nahe oder aus der Pfalz.

Und, um in der Familie der Burgundersorten zu bleiben, öffnen sich dem Weinfreund bei einem im Eichenfass gereiften Chardonnay mit seinen dezenten Holz- und Röstaromen wahrscheinlich ganz neue Geschmacks-erlebnisse.

Rotweine haben bei dem Genussklassiker Grünkohl mit Pinkel einen schweren Stand. Vor allem die Paarung mit Senf treibt allen Weinnasen ein geschmackliches Waterloo auf die Zunge. Für Wildentschlossene sei an dieser Stelle die Empfehlung für einen leichten und verspielten Trollinger ausgesprochen, jener samtigen, frischfruchtigen »Hausrebsorte« der Württemberger. Empfehlenswert sind auch Verschnitte mit Lemberger (dem Lieblingswein des ersten Bundespräsidenten Theodor Heuss), der in dieser Paarung dem Trollinger mit Farbe und Kraft unter die Arme greift.

Weinliebhabern mit einem Hang zur wagemutigen Neugierde mag schließlich das Plädoyer für eine etwas kurios anmutende Genusspaarung gar nicht so abwegig erscheinen: Greifen Sie zu einem nicht allzu trockenen Champagner! Als Bremer Ratskellermeister sei mir dieser »Fauxpas« gestattet, nicht ohne einen Hinweis auf die besondere Güte der deutschen Winzersekte, von denen sich manche vor den Edlen aus Frankreich nicht zu verstecken brauchen.

Beider Erfolgsgeheimnis als ideale Spielpartner zu kräftigen Küchentönen heißt Kohlensäure. Die sprudelt zwar jedes fein ziselierte Sößchen ins kulinarische Abseits, fährt aber gerade bei deftiger Hausmannskost mit Würsten, Speck, Bratkartoffeln und anderen schmackhaften Vulgaritäten zur Hochform auf. Da stellt sich sogar bei unserem deutschen Grünkohl-Klassiker eine heiter-angeregte Festtagsstimmung zur perlenden Leichtigkeit des Seins ein.

Verlassen wir die Besonderheiten der norddeutschen Tiefebene, öffnen sich für den Grünkohl ganz neue vinokulinarische Horizonte. Schließlich sind die fetten Beilagen nicht unbedingt nach jedermanns Geschmack und auch der Liebhaber vegetarischer Kost sollte auf seinen Grünkohl nicht verzichten müssen. Längst haben auch in der gehobenen Küche Variationen mit Lamm, Gänsebraten, Ente á l'Orange oder Fisch Einzug gehalten und auf den Seiten dieses Buches erfahren wir mit einigem Staunen, dass Grünkohl geradezu ein kulinarischer Global Player ist, der sich in vielen Nationalküchen behauptet. Ob in Suppen, Salaten, Eintöpfen und Aufläufen, ob als Beilage zu Fisch oder Fleisch, sogar als Pizza oder Quiche – die hier aufgezeigte Bandbreite an schmackhaften Gerichten bietet dem Weinliebhaber denn schon etwas mehr spielerische Freiheit bei seiner Weinauswahl. Eine vinophile tour d'horizon durch alle vorgestellten Gerichte würde den gebotenen Rahmen allerdings bei Weitem sprengen.

Versuchen wir es also mit einigen Grundregeln. Für eine optimale Liaison zwischen Wein und Speisen sollten sich die wichtigsten Duft- und Aromastoffe des einen im anderen wiederfinden. Eine spannungsreiche Harmonie entsteht, wenn die Aromen der Speise im Kontrast zu denen des Weines stehen. Letztere Variante erfordert etwas Weinkenntnis und beflügelnde Einbildungskraft. Generell ist zu beachten, dass die in den jeweiligen Gerichten verwendeten Aromata – hier vor allem bei den Soßencharakteren – weitaus bestimmender für eine gelungene Wein-Speisen-Balance sind als die Grundprodukte selbst.

Kräuter und Gewürze haben einen starken Einfluss auf die geschmackliche Wahrnehmung eines Weines: Zitronengras, Koriander, Curry, Ingwer oder

Kurkuma, wie wir sie etwa aus der fernöstlichen Küche, und immer häufiger auch aus einer modernen, international ausgerichteten Gastronomie kennen, würden im Zusammenspiel mit einem säurebetonten und trockenen Wein mitunter aggressive und harte Aromen hervorrufen. Ein hoher Alkoholgehalt lässt die Gewürze zudem noch schärfer hervortreten. Auf die Dosierung der Gewürzaromen kommt es also an. Besser eignet sich hier ein Wein mit ausreichend Fruchtsüße, wenig Tannin (bei den roten Gewächsen) und genügend Schmelz, um die Schärfe der Gewürze zu mildern.

Zahlreiche afrikanische oder asiatische Speisen sind süßer als europäische Gerichte: Süß-saure Soßen etwa zu Fisch und Fleisch lassen einen trockenen Wein durch die Süße der Gerichte noch trockener wirken – empfehlenswert ist daher ein Gewächs mit genügend Restsüße und moderatem Alkoholgehalt. Grundsätzlich gilt: Geschmortes, Braten und Grillgerichte passen eher zu kräftigen, tanninbetonten Rotweinen, gekochte oder gedünstete Speisen vertragen sich bestens mit Weißwein – aber Vorsicht, auch hier gibt es Ausnahmen, die der Phantasie freien Lauf lassen. Zu feinwürzigen Speisen mit zartem Geschmack gesellen sich eher leichte, nicht zu körperreiche Weine; robustere Gerichte verlangen hingegen nach opulenteren Spielpartnern. Ob es sich dabei nun um einen Weißwein oder einen Rotwein handelt, lässt sich nur im speziellen Fall entscheiden. Insofern sollte man nicht wie der Oberbuchhalter in Geschmacksfragen herumlaufen. Denken wir an so manche unverwüstliche Mythen am heimischen Herd wie: »Ein Rotwein passt nicht zum Fisch!«, »Zu Salat passt kein Wein!«, »Suppe und Wein, das lass sein!« Wahre Genusspraxis widerlegt zumeist die Theorie. Ein Dogmatismus in kulinarischen Fragen verbietet sich ohnehin bei der geradezu kosmopolitischen Freigeisterei, die so recht zu einem guten Glas Wein passen mag.

Karl-Josef Krötz (Bremer Ratskeller-Meister)

Die Kohlfahrt – Vom Honoratiorentreffen zum gesellschaftlichen Wintervergnügen

Seit rund 250 Jahren gibt es in Norddeutschland eine fünfte Jahreszeit, auch norddeutscher Karneval genannt. Zwischen Buß- und Bettag und Gründonnerstag ziehen bollerwagenbewehrte Gruppen durch die Gegend, werfen mit Teebeuteln, Besen oder Boßelkugeln um sich und trinken Schnaps aus der Latte. Das Spektakel gipfelt in einem deftigen Kohl- und Pinkelessen – meist in einer zünftigen Landgaststätte – mit anschließender Königskrönung. Für Außenstehende mag das seltsam erscheinen, aber dieser Brauch hat einen durchaus honorigen Ursprung.

Wo genau diese Tradition ihren Anfang nahm, ist nicht gewiss. Vielleicht war es in Oldenburg, wo der Gelehrte Justus Lipsius im Jahre 1586 in einer Gaststätte einkehrte, in der man ihm »eine Kumme voll braunen Kohls« servierte. »Einen Finger breit darüber weg fließt die Brühe von Schweinefett«, beschwerte er sich damals. Oder liegt die Wiege vielmehr in Bremen, wo schon seit 1545 auf dem Schaffermahl Braunkohl gegessen wurde? Tatsache ist, dass der Kohl, ob grün oder braun, zu allen Zeiten ein typisch norddeutsches Wintergemüse war, in armen Bauernkaten wie in herrschaftlichen Häusern. Der Grund: Grünkohl ist nahrhaft und gesund, frostresistent und überdies genügsam und somit bestens geeignet für die kargen nordischen Böden. Diese Vorzüge waren jedoch nicht der Auslöser für die spätere Massenbewegung. Vielmehr waren die ersten Kohlfahrten winterliche Landpartien, auf denen Grünkohl gegessen wurde, weil man im Winter eben Grünkohl aß. Derartige Lustbarkeiten beschränkten sich allerdings in der Mitte des 19. Jahrhunderts ausschließlich auf wohlhabende städtische Kreise und waren ein Privileg der Männer.

Bleiben wir in Bremen. Hier fiel im Jahre 1848 die sogenannte Torsperre. Man brauchte, wenn man zu später Stunde in die Stadt hinein wollte, kein Torgeld mehr zu zahlen. Es gab jetzt allgemeinen Freigang, man durfte getrost lange wegbleiben. So dehnten sich die beliebten Winterausflüge ins Bremer Umland aus, nach Horn, Oberneuland oder gar Delmenhorst. Der Ablauf war immer gleich: Nach einem Spaziergang aß man in einer rustikalen Landgaststätte Grünkohl mit geräucherten Fleischbeilagen, um anschließend bei einer feuchtfröhlichen Kegelpartie zu entspannen. Die Bremer Nachrichten bezeichneten diesen Brauch noch 1939 als »Goldene Stunden im Männerdasein« (12.11.1939). Diese Herrenkohltouren wurden so beliebt, dass schon bald Gaststätten dezente Anzeigen schalteten:

»An das morgen, Sonnabend, den 23. (...), stattfindende Abendessen (Kohlparthie) erinnert ergebenst H. Ehlers. Um ½ 8 wird servirt.« (Bremer Nachrichten vom 22.11.1844)

Leider waren die goldenen Stunden der gehobenen Männerlustbarkeit gezählt. Das niedere Volk drängte an die Kohlschüsseln. Der Ausbau der öffentlichen Verkehrsmittel machte es möglich. 1866 wurde die erste Bremer Pferdeomnibusbahn nach Oberneuland eröffnet, 1876 kamen auf Schienen laufende Straßenbahnen dazu. Als 1890 mit der Entlassung Bismarcks auch noch das Sozialistengesetz fiel, durften sich die Sozialdemokraten, zumeist Arbeiter, organisieren. Arbeitervereine schossen wie Pilze aus dem Boden. Und was unternimmt ein Verein im Winter? Natürlich eine Kohlfahrt aufs Land.

Zunächst machte man Kohlfahrten ausschließlich am Sonntag, denn bis zum arbeitsfreien Samstag sollte noch viel Zeit vergehen. Am Vormittag brach man auf, wanderte, aß, kegelte und kehrte am späten Nachmittag zurück. 1890 tat sich hier noch etwas: Der Buß- und Bettag wurde in den November verlegt,

Die Kohlfahrt – Vom Honoratiorentreffen zum gesellschaftlichen Wintervergnügen

was diesen tristen Feiertag zu einem idealen Kohlfahrttermin machte. Leider gab es eine Bremer Bußtagsverordnung, die »alle geräuschvolle und lärmende Beschäftigung oder Lustbarkeit (...)« untersagte. Man wusste sich zu helfen. Außerhalb von Bremen galt diese Verordnung nicht, und so fuhr man z. B. nach Delmenhorst, um diesen Tag mit Kohl, Bier und Gesang zu verbringen. Gaststätten hatten sich auf dieses Datum schnell eingestellt:

»Thiergarten bei Delmenhorst. Am Sonntag, den 16. Novbr. (Bremer Buß- und Bettag): Tanz.

A. W. Unverzagt.« (Bremer Nachrichten, 15.11.1890)

Das unruhige 20. Jahrhundert brach an und ging auch an der Kohlfahrtgemeinde nicht spurlos vorüber. Kriege, Armut und Versammlungsverbote erschwerten die Durchführung der winterlichen Vergnügungen erheblich. Die Kohltouren waren allerdings inzwischen so verankert in allen Schichten der Bevölkerung, dass man Mittel und Wege fand. Vereine legten sogenannte Vergnügungskassen an, in die man kräftig hineinsparte. Sogar das Versammlungsverbot wurde diesbezüglich gelockert:

»In nächster Zeit ist, wie alljährlich, mit zahlreichen Kohl- und Pinkelfahrten zu rechnen. Den Fahrten, die in der Regel von Kegelklubs und Gesangsvereinen veranstaltet werden, fehlt jeder demonstrative politische Charakter, so daß sie nicht unter die Notverordnung fallen. Sie sind als Spaziergänge zu betrachten.« (StA - HB 4,14/1 - XII A3c 25)

So kohlte man also in abgespeckter Form weiter. Interessanterweise traten in dieser schwierigen Zeit die Frauen auf den Plan. Zunächst organisierten sie ihre eigenen Kohlfahrten, misstrauisch beäugt und bespöttelt von den Männern.

»Bier und Kognacs gab es zwar nicht, wohl aber strammen Kaffee und – den Gerüchten zufolge – dazwischen unter Umständen einen Likör. (...) Doch reden wir nicht darüber; Galanterie ist von jeher eine männliche Haupttugend gewesen ...« Bremer Nachrichten (21.11.1934)

Der Zweite Weltkrieg brachte die Tradition fast vollständig zum Erliegen. Erst 1948 luden erste Gaststätten wieder zu Kohlessen ein, bis es in den 1950ern richtig losgehen konnte. Die mageren Jahre waren endlich vorbei. Kohl- und Pinkelfahrten erlebten einen ungeahnten Boom und jetzt durften die Frauen ungehindert mitfeiern. Das brachte eine entscheidende Veränderung mit sich: Statt Kegelpartie schwang man jetzt das Tanzbein.

Bis heute ist die Beliebtheit der Kohl- und Pinkelfahrten ungebrochen. Trotz aller Veränderungen ist der Ablauf im Großen und Ganzen gleich geblieben: Wanderung, Essen, Königskrönung. Die Kegelpartie fällt heute meist aus, dafür wird während der Wanderung gebößelt oder es werden andere Spiele gespielt. CD-Spieler und DJ ersetzen die handgemachte Musik, was ein wenig schade ist. Dafür lässt man sich mittlerweile einiges einfallen, was zur Erheiterung beiträgt: von ungewöhnlichen Spielen wie Würstchenangeln oder Flossenwettlauf bis hin zu äußerst einfallsreichen Königswahlen. Hier zeigt sich die ganze Spannweite der Kreativität im Norden, der ja eher als dröge und humorlos gilt. Wer sich vom Gegenteil überzeugen will, sollte unbedingt eine Kohlfahrt machen.

Helga Bürster

Weitere Literatur zum Grünkohl

Die Stadtbibliothek Bremen bietet in der Abteilung Hauswirtschaft eine Fülle schöner Kochbücher, natürlich auch aus der norddeutschen Region, z. B. Rezeptsammlungen zur norddeutschen Küche, spezielle Gemüse-Kochbücher mit Rezepten für den beliebten Grünkohl.

Zur Einstimmung auf eine zünftige Kohlfahrt in Bremen und umzu bietet die Abteilung Volkskunde die richtigen Tipps und Geschichten rund um dieses norddeutsche Brauchtum.

- **Kohl. Vielseitig & bekömmlich zubereiten.**
  Redaktion: Sabine Puppe.
  Bielefeld: Dr.-Oetker-Verlag, 2000. 127 Seiten
  HW 450 D

- **Kohl. Feine Rezepte.**
  Lothar Bade (Hrsg.)
  Neustadt an der Weinstraße: Umschau, 2010. 167 Seiten
  HW 450 K

- Neubauer, Ingo:
  Kohl. Die besten Rezepte und Einkaufstips.
  München: Mosaik-Verlag, 1990. 79 Seiten
  HW 450 N

- Fansa, Jonas:
  Dem Geschmack auf der Spur. Eine Gewürzweltreise.
  Göttingen: Verlag Die Werkstatt, 2008. 189 S.
  HW 470 N

- Kazim, Hasnain:
  Grünkohl und Curry. Die Geschichte einer Einwanderung.
  München: Dt. Taschenbuchverlag, 2009. 259 Seiten
  Soz 657 K

- Kazim, Hasnain:
  Grünkohl und Curry. Die Geschichte einer Einwanderung.
  München: Dt. Taschenbuchverlag, 2009. 260 Seiten
  E-Book

- **Das Kohl und Pinkel Buch.**
  Redaktion: Helmut Weiss.
  Bremen: Edition Temmen, 2005. 203 Seiten
  Vo 795 K

- Bonk, Karl-Heinz:
  Grünkohl-Zeit. Vom grünen/braunen Kohl, der Kohlfahrt und einem himmlischen Essen.
  Oldenburg: Isensee Verlag, 2003. 99 Seiten
  Vo 795 B

- **Fast alles über Kohlfahrten in Bremen und umzu.**
  Dieter Drahtschmidt. Mit Zeichnungen von Bruno Bräcker.
  Bremen: der kleine verlag von Dieter D., 1991. 157 Seiten
  Vo 795 F

- Westphal, Martin:
  Kohl- und Pinkelfahrten. Geschichte und Struktur einer Festzeit in Nordwestdeutschland.
  Münster: Coppenrath-Verl., 1988. 298 Seiten
  Vo 795 W

- Gutmann, Hermann:
  Kohl- und Pinkelgeschichten: ... und warum Männer so gern ohne ihre Frauen auf eine Kohlfahrt gehen.
  Bremen: Edition Temmen, 2004. 121 Seiten
  S

- Kroll, Rainer:
  Chronik für Kohltourer: das etwas andere Buch für alle Kohlfahrtenfans.
  Oldenburg: Isensee, 2009. 48 Seiten
  Vo 795 K

Hier finden Sie einige ausgewählte Internet-Adressen zum Thema:

- http://www.kohltourhauptstadt.de/Literatur.html
- http://www.esskultur.net/lm/gruenkohl.html
- http://www.kohlfahrten.de/infosites/gruenkohl_anbau.php
- http://www.radiobremen.de/bremeneins/ratgeber/braunkohlgruenkohl100.html

www.stadtbibliothek-bremen.de

Das Team hinter dem Buch

Texte

Michael Golasowski
Michael Golasowski ist Jurist und lebt in Bremen. Zum Kochen kam er, weil er in jungen Jahren auf Sportveranstaltungen nicht nur Ravioli aus der Dose essen wollte. Er hat sich – auch durch viele Jobs in Restaurantküchen während seiner Studienzeit – inzwischen zu einem versierten Hobbykoch entwickelt.

Jan Janning
Jan Janning hat im Park-Hotel Bremen das Kochen erlernt und dort auch als Koch gearbeitet. Seit einigen Jahren betreibt er gemeinsam mit Claudia Katzenberger Restaurants in Bremen. Im Winter stehen auch immer besondere Grünkohlgerichte auf der Karte.

Barbara Lison
Barbara Lison ist Direktorin der Stadtbibliothek Bremen und fahndet am Rande ihres Engagements für das Goethe-Institut und internationale Bibliotheksverbände weltweit nach Grünkohl-Experten.

Henning Lühr
Henning Lühr ist Jurist und Staatsrat im Finanzressort der Freien Hansestadt Bremen. Seine erste Begeisterung fürs Kochen hat er bereits in jungen Jahren in der Küche des elterlichen Bauernhofs entwickelt und in der studentischen Wohngemeinschaft sowie als Hobbykoch verfeinert. Gemeinsam mit Barbara Lison und Michael Golasowski kocht er jedes Jahr für eine große Festgesellschaft Kohl und Pinkel in seiner alten Dorfschule in der Wildeshauser Geest.

Karl-Josef Krötz
Karl-Josef Krötz ist Ratskellermeister und Chef des Ratskeller-Weinhandels in Bremen. Er ist einer der anerkanntesten Weinexperten in Deutschland und Mitglied in Jurys für die Auswahl von Spitzenweinen.

Helga Bürster
Helga Bürster ist Autorin und lebt in Dötlingen. Sie hat für ihre schriftstellerische Tätigkeit umfassend über Kohlfahrten recherchiert. Von den Ergebnissen dürfen die Leser dieses Kochbuchs profitieren.

Illustrationen

Karin Hollweg (KH)
Karin Hollweg ist Malerin, Kunstsammlerin und stellvertretende Vorsitzende der Karin- und Uwe-Hollweg-Stiftung. Lieber genießt sie das Essen, als es selbst zu kochen.

Henning Lühr (HL)
Henning Lühr hat für dieses Kochbuch seine Leidenschaft fürs Zeichnen und Aquarellieren wieder reaktiviert.

Udo Reinfeld (UR)
Innenarchitekt, hingebungsvoller Gemüsezüchter, leidenschaftlicher Tennisspieler und Liebhaber der Malerei.

Henning Lühr und Barbara Lison

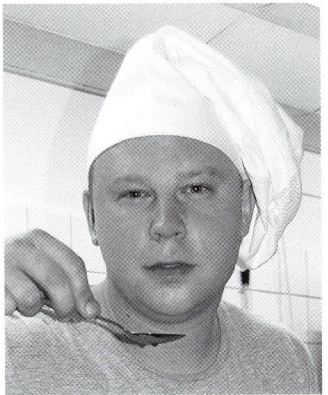
Michael Golasowski

Jan Janning

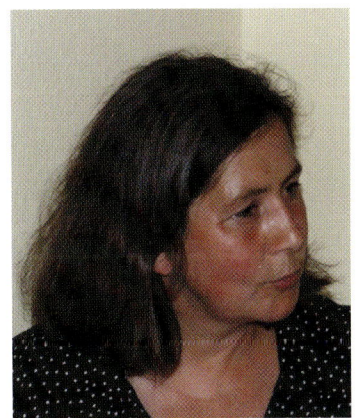
Helga Bürster
Foto: Holger Glück

Karl-Josef Krötz
Foto: Thomas Joppig

Karin Hollweg
Foto: Meike Kramer

Landeskundige und regionale Beraterinnen und Berater – Übersetzungen

Äthiopien Die Übersetzungen hat eine junge Frau aus Äthiopien erstellt, die nicht im Verzeichnis auftauchen möchte.

Brasilien
Portugal *Ana Teresa Sannazzaro:* Bibliothekarin im Goethe-Institut São Paulo, Hobbyköchin.

Bremen
(Bremer Platt) *Henning Lühr:* Staatsrat im Finanzressort der Hansestadt Bremen, Hobby-Koch.

China *Liu Yue:* Bibliothekarin am Goethe-Institut in Peking, liest gerne, kocht auch gerne.
Wen Que ist Chinesin und lebt seit einigen Jahren in Bremen. Arbeitet als Übersetzerin und Touristenführerin.

Dänemark *Hille und Jens Toft Ingemann* arbeiten im Sozialbereich und im IT-Management in Kopenhagen.
Pernille Drost: Bibliothekarin, Vorsitzende der dänischen Bibliotheksgewerkschaft.

England
Irland *Brigitte Wohner-Mäurer:* Englischlehrerin, liebt die Inseln und deren Küche, lebt in Bremen.

Finnland *Sirpa Furtenbacher:* Mitarbeiterin beim Finnischen Honorarkonsul in Bremen, aufgewachsen in Finnland, lebt seit 1974 in Bremen.

Frankreich *Kathrin Rabus:* Galeristin für zeitgenössische Kunst, Veranstaltung von Foren für Neue Musik und Film, Kulturprojekte, Mitglied im Rundfunkrat ARTE und im Programmbeirat der ARD, lebt in Bremen, Paris und Südfrankreich.

Griechenland *Dimitros Papagelis* arbeitet als Dipl.-Ing. bei einem großen Automobilhersteller in Bremen, gebürtiger Grieche, lebt in Bremen.

Indien *Christina Kläne* hat Indiologie und Politikwissenschaften studiert, hat eine Ausbildung als Dokumentationsredakteurin gemacht und leitet die wissenschaftliche Dokumentation bei einer Bremer Raumfahrtfirma.

Italien *Heike Ludewigs:* Mitarbeiterin in der Protokollabteilung des Bremer Rathauses.

Japan *Mashiro Ito:* Germanistin, Mitarbeiterin der Japanischen Nationalbibliothek, lebt mit ihrem Mann in Tokio.

Niederlande *Marion Koren:* Juristin und Bibliothekarin, lebt in Amsterdam.

50 Grünkohlgerichte aus 27 Ländern

Norwegen	***Sigvor Bakke-Seek:*** Norwegerin, lebt in Bremen und ist tätig als Coach, Beraterin, Trainerin und Moderatorin.
Österreich	***Gerald Leitner:*** Literaturwissenschaftler, Präsident des Österreichischen Büchereiverbandes und des Europäischen Bibliotheksverbandes. Er ist ein Freund der internationalen Küche.
Polen	***Dorota Plätzer:*** Fachanwältin für Familienrecht, aufgewachsen in Polen, lebt in Bremen.
Russland	***Anna Tenjotkina:*** Kulturwissenschaftlerin beim Goethe-Institut Moskau, lebt in Moskau.
Schweden	***Ursula Fischer:*** Chefsekretärin, lebt in Bremen und ist Schwedenkennerin. ***Sven Hallonsten*** lebt in Stockholm und arbeitet als Theologe.
Schweiz	***Nilgün Wacker:*** Selbstständige Kosmetikerin, als Türkin in der Schweiz aufgewachsen, lebt seit einigen Jahren in Bremen und kocht fantastischen Grünkohl.
Spanien Mexico	***Claudia Iliana Gomez Romero:*** Wiss. Mitarbeiterin an der Hochschule Bremen im Bereich der Koordinierung internationaler Studiengänge, aufgewachsen in Mexiko, lebt in Bremen und liebt die Bremer Küche.
Türkei	***Tevhide und Servet Mutlu*** sind selbstständige Kreativberater und Kommunikationsdesigner (»Planetmutlu«), leben in Bremen. ***Gülly Grosser:*** Hairstylistin, lebt in Bremen.
Ungarn	***Agnes Gergely*** ist gebürtige Ungarin, lebt in Deutschland. Sie ist bei der Kurt-Schumacher-Akademie der Friedrich-Ebert-Stiftung beschäftigt.
USA	***Martin Hagen:*** IT-Direktor der Bremer Verwaltung, aufgewachsen in Oldenburg, Aufenthalt in Amerika, lebt in Bremen. Kennt Kohl in allen Variationen.
Vietnam	***Thang Pham:*** Kaufmann, lebt in Saigon und Bremen.
Vorderer Orient Syrien	***Khaldun Saidafi*** ist als Kind deutsch-syrischer Eltern in Deutschland aufgewachsen, Koch und Inhaber des Restaurants »La Cantina« im Haus des Reichs in Bremen.

Das Team bedankt sich bei folgenden Rezeptgebern für die freundliche Bereitstellung:
- *Oldenburg Tourismus und Marketing GmbH, www.kohltourhauptstadt.de (Oldenburger Grünkohl)*
- *Kneipp Verlag GmbH und Co. KG, www.kneippverlag.com (Kümmelbratl)*
- *Marions Kochbuch, Folkert Knieper, www.marions-kochbuch.de (norddeutsche Kartoffeln)*
- *Maggi GmbH, www.maggi.de (Grünkohlcremesuppe)*
- *Butaris – DFF Dairy Fine Food GmbH, www.butaris.de (griechischer Grünkohlstrudel)*
- *Schallhofer, Wolfgang, www.kirchenweb.at (Grünkohlteller mit Sirupkartoffeln/Altenglischer Pilzpudding)*
- *Martin Effenberger und Helga Frohnert für ihr Rezept »Grünkohl-Curry mit Schweinemedaillons«*

HERZLICHEN DANK AUCH AN ALLE PROFI- UND HOBBY-KÖCHE, DIE DAS GRÜNKOHL-TEAM MIT REZEPTIDEEN UND KRITISCHEN RATSCHLÄGEN UNTERSTÜTZT HABEN.

Weitere Bücher aus dem KellnerVerlag

Ebenfalls von Henning Lühr ...

Henning Lühr / Lothar Spielhoff

Internationales Knollen-Kochbuch

87 Rezepte aus 37 Ländern

In der Küche werden sie oft unterschätzt: Knollen- und Wurzelgemüse. Das eingespielte Autorenteam zeigt in diesem Buch, dass es auch anders geht, in ungewöhnlichen Rezepten neu entdeckt, in der jeweiligen Landessprache sowie in Deutsch. Die Herkunft der Pflanzen wird listig erklärt, mit Weinempfehlungen vom Bremer Ratskellermeister Krötz.

176 Seiten, 21 x 21 cm Hardcover, mit zahlreichen farbigen Aquarellen ISBN 978-3-95651-071-7, € 18,90

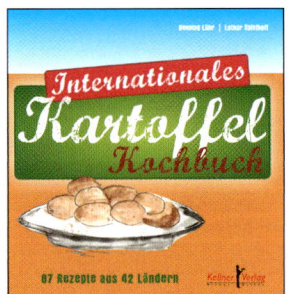

Henning Lühr / Lothar Spielhoff

Internationales Kartoffel-Kochbuch

87 Rezepte aus 42 Ländern

Wir kennen sie aus der Pfanne, frittiert und als Chips. Aber es gibt in aller Welt viel mehr... Auch die Kartoffel hat einen Migrationshintergrund. ZEIT-Kochshow-Sieger Spielhoff liefert erprobte Rezepte und empfiehlt die passende Kartoffelsorte. Der Ratskellermeister sagt, welcher Wein konveniert. Alle Rezepte in Deutsch und der jeweiligen Landessprache.

192 Seiten, 21 x 21 cm, Hardcover mit zahlreichen farbigen Aquarellen ISBN 978-3-95651-046-5, € 18,90

Henning Lühr / Lothar Spielhoff / Udo Reinfeld

Internationales Hülsenfrüchte-Kochbuch

65 Rezepte aus 35 Ländern

Ackerbohnen, Gartenbohnen, Kichererbsen, Linsen, Lupinen und Sojabohnen sind die Stars dieses Hülsenfrüchte-Kochbuchs. Alle Rezepte in Deutsch und der jeweiligen Landessprache.

132 Seiten, 21 x 21 cm, Hardcover, ISBN 978-3-95651-123-3, € 16,90

Henning Lühr

Drahtzieher und Kofferträger

Satirischer Wegweiser Insiderjargon aus Politik und Bürokratie endlich verstehen...

... ist das Anliegen von Staatsrat Lühr, der aus seinem eigenen Büroalltag weiß, wer »Häuptling Große Schnauze« ist und welche Ziele »All-Round-Dilettanten« in »Bürokratien« verfolgen. Hier werden über 800 Insider-Begriffe unterhaltsam-ironisch erläutert.

184 Seiten, 13,5 x 21 cm, Softcover, mit zahlreichen farbigen Abbildungen des Autors. ISBN 978-3-939928-82-9, € 12,90
Auch als E-Book: ISBN 978-3-939928-82-9

Henning Lühr / Lothar Spielhoff

Internationales Spargel-Kochbuch

70 Rezepte aus 33 Ländern

Leckere Spargelrezepte aus aller Welt in Deutsch und der jeweiligen Landessprache. Probieren Sie Neues aus: das norwegische Spargelschiffchen oder indisches Spargel-Chutney. Die Autoren liefern landwirtschaftliche Informationen und Wissenswertes aus der Migrationsgeschichte des Spargels sowie Tipps, die über das Übliche hinausgehen: Die Spargelfeinde; Spargel und Wein, der kulinarische Klassiker. Eine Delikatesse mit Heilwirkung!

132 Seiten, 21 x 21 cm, Hardcover, mit zahlreichen farbigen Aquarellen ISBN 978-3-95651-034-2, € 16,90

Henning Lühr

Management by...

140 Cartoons amüsanter Satire zum Büroalltag

Mit einem zwinkernden Auge erläutert der Bremer Staatsrat anhand ironisch-aufschlussreicher Merksprüche die »besten« Managementkonzepte und wird dabei vom Cartoonisten Roland Bühs unterstützt. Ein amüsantes Nachschlagewerk.

264 Seiten, 21 x 15 cm, Hardcover, mit 140 Cartoons ISBN 978-3-939928-36-2, € 9,90

Erhältlich im Buchhandel (auf Bestellung) oder direkt beim KellnerVerlag • St.-Pauli-Deich 3 • 28199 Bremen
Tel. 0421-77866 • Fax 0421-704058 • buchservice@kellnerverlag.de • www.kellnerverlag.de